Ricetta in copertina

Risotto giallo al rosmarino

1 C d'olio di girasole
50 gr di burro
1 cipolla media tritata fine
Rosolare fino a dorare.

350 gr di riso
Aggiungere e tostare.

1 bustina di zafferano
Aggiungere e tostare leggermente.

½ bicchiere di vino bianco
Aggiungere e sfumare.

1 litro di brodo
Versare mescolando 2 mestoli di brodo portando a cottura il riso e aggiungere altro brodo solo quando il precedente sarà assorbito.

1 rametto di rosmarino tritato fine
Aggiungere a metà cottura.

pepe
2 manciate di Sbrinz grattugiato
1 noce di burro
Aggiungere a fine cottura e lasciare mantecare per un paio di minuti.

D1720627

Le Ricette
di mia nonna

Sɪ ʀɪɴɢʀᴀᴢɪᴀɴᴏ ᴘᴇʀ ɪʟ sᴏsᴛᴇɢɴᴏ:

Cᴀꜰꜰé Cʜɪᴄᴄᴏ ᴅ'ᴏʀᴏ, Bᴀʟᴇʀɴᴀ

Sᴀɴᴛ'Aɴᴛᴏɴɪᴏ Cᴀʀ, Lᴏᴄᴀʀɴᴏ

Aᴜᴛᴏ Sᴛᴏʀᴇʟʟɪ, Asᴄᴏɴᴀ

Aᴜᴛᴏ Lᴜsᴇʀᴛᴇ, Qᴜᴀʀᴛɪɴᴏ

Fᴏɴᴅᴀᴢɪᴏɴᴇ Uʀɪᴇʟᴇ, Lᴜɢᴀɴᴏ

Fotografie: Giuliana Campana

Foto di copertina: Francesca Visetti-Ceroni

Fotografia pagina 238: Omar Beltraminelli

Per informazioni sull'autrice: www.laprimula.ch

ISBN 978-88-8281-372-7

© 2013 - Armando Dadò editore

CH-6601 Locarno, via Orelli 29

www.editore.ch

GIULIANA CAMPANA

Le Ricette di mia nonna

TRADIZIONI CULINARIE DEL TICINO

ERBE MEDICINALI, ELISIR DI SALUTE

ARMANDO **DADÒ** EDITORE

la farina, cercando di ottenere una pasta densa e
eguale. (La lavorazione deve durare pochissimo tempo e
non riscaldar troppo la pasta che si sbriciolerebbe.)
Comporre a guisa di piccoli pani e lasciar riposare
per 15 minuti in luogo molto fresco.

2°) Stendere la pasta col matterello sulla spia-
natoia infarinata allo spessore di mezzo cent...
... con ena i forchi... e il fond...

3°) Disporre la marmellata precedentemente ...
larga e bassa ... interamente con ena col ...
di un coltello.

4°) Spianare di nuovo la pasta avanzata ...
di diversa lunghezza e collocarle, a guisa ...
orizzontalmente e verticalmente sulla torta ...
zione. Cuocere a forno a calore ben vivo; ...
fredda. Con la stessa pasta, usando gli appositi ...
potremo formare dei pasticcini.

Focaccia di frutta.
300 grammi di farina, 100 grammi di burro, 50 gramm...

Dedicato alla mia famiglia ed a Isa.

Indice

Aromi di bellezza e benessere

PREFAZIONE

Alchimie. Quell'insieme di forze misteriose che attirano le persone le une verso le altre per poi dare il via ad amori, amicizie o, come nel nostro caso, a proficui rapporti di lavoro. Giuliana ed io, in effetti, ci siamo conosciute vista la mia necessità di trovare un esperto in materia di piante, erbe ed oli essenziali per un programma radiofonico dedicato al fai da te. Quel primo incontro si è rivelato redditizio e soprattutto molto apprezzato dal pubblico, tanto che ho creduto opportuno approfondire ulteriormente la tematica.

Nuove alchimie sono nate, di nome e di fatto: Giuliana è diventata l'esperta di riferimento ne «L'Alchimista» – rubrica diffusa per gran parte del 2011/2012 il sabato pomeriggio su Rete Uno (Radiotelevisione Svizzera di lingua Italiana). Insieme abbiamo, quindi, conversato riguardo a proprietà e virtù di piante ed erbe medicinali presenti sul territorio della Svizzera italiana; quelle stesse erbe e piante di cui in passato ci si è serviti per gli scopi benefici più diversi, ma per le quali, con l'avvento della farmaceutica moderna, se ne è sempre più persa memoria. Alchimie all'arancia, al limone, all'albicocca, all'aceto, al pepe, alla mela, alla rosa canina… in totale ben ventotto puntate che, di stagione in stagione, hanno voluto far riscoprire come utilizzare gli elementi che offre la natura attorno a noi per tonificare il corpo, conciliare il sonno, depurare l'organismo, rendere la pelle più elastica, dare lucentezza invidiabile ai capelli, dare vita ad una rinfrescante «gazzosa rosa di vacanz» preparata con salvia, limoni, erba limoncina e fiori di iperico (www.rsi.ch/alchimista). Realizzazioni eseguite totalmente secondo le usanze delle generazioni passate, essendo Giuliana rimasta sempre fedele alle ricette che ha ricevuto in eredità da sua nonna Pierina. In più, «L'Alchimista» non ha suscitato grande interesse solamente a livello locale, ma ha anche stimolato curiosità oltre i confini elvetici, approdando addirittura in Estonia grazie ad una blogger del posto che ha tradotto nella sua lingua la puntata dedicata ai benefici che si possono ottenere dai lamponi.

Auguro, pertanto, a Giuliana di ottenere ancora più successo con questo libro: la sua competenza e professionalità – come è già accaduto sul piano radiofonico – possano riportare in auge molte altre tradizioni che contraddistinguono le nostre regioni, in modo semplice ma accurato, come lei stessa ha dimostrato di essere. Felici alchimie …«Le ricette di mia nonna»!

ELIZABETH CAMOZZI
Redattrice Rete Uno

PRESENTAZIONE

Tra le molte pubblicazioni di libri di cucina, eccone uno che a mio avviso è straordinario, per due motivi: uno è quello che la sua autrice diplomata e ricercatrice, ci propone l'uso delle erbe per curare il nostro corpo dentro e fuori e l'altro ci regala delle ricette di cucina che solo leggerle ti stuzzica e ti invoglia a metterti ai fornelli. Ma tutto questo è dovuto all'eredità di nonna Pierina. Una donna meravigliosa per aver avuto l'idea di scrivere tutto in un diario e che ora, grazie alla sensibilità di sua nipote Giuliana, noi possiamo godere della sua ampiezza.

Leggendo queste ricette ricordi il tempo in cui cucinare era rispettato anche per l'uso dei prodotti utilizzati, prodotti in gran parte coltivati nel proprio orto, dalle verdure alla frutta e alle erbe. Ma in tutto questo come condimento principale c'era l'amore, amore a tutto campo per la cucina, per i propri cari, per gli amici e la soddisfazione di vedere apprezzato il tempo dedicato ai fornelli. Oggi la cucina è cambiata, al concentrato di pomodoro si preferisce sempre più la passata o i pelati, all'olio di girasole l'olio d'oliva, allo Sbrinz i vari parmigiani, grana, pecorino.

Per chi si diletta in cucina, leggendo e interpretando queste belle ricette di nonna Pierina, sarà un ritorno alla cucina tradizionale e il sedersi a tavola e confrontarsi con il cibo e la parola. La tavola, come dice bene Enzo Bianchi nel suo libro «Ogni cosa alla sua stagione», è il luogo della fiducia dell'altro, dell'amore nello scegliere, offrire e servire il cibo a chi amiamo. Nonna Pierina e Giuliana hanno saputo farci questo regalo, dedicato a tutti quelli che lo sapranno apprezzare.

Grazie e Buon Appetito.

FRANCA CANEVASCINI
Cuoca per passione

INTRODUZIONE

Era il giorno del mio compleanno. Una sottile foschia nevosa soffocava i profumi invernali. Dalla finestra dal vetro diafano entravano luci chiare, la tristezza dominava lo spirito che doveva essere dedicato interamente ai ricordi più belli legati a mia nonna. La sua salma, come si usava a quei tempi si trovava in casa, nella camera matrimoniale dei miei nonni, adibita a camera mortuaria; locale che da bambina chiamavo «la stanza azzurra», perché decorata in stoffe di colore turchino. La famiglia attendeva ansiosamente l'arrivo degli zii dall'America, io invece osservavo la mia amata nonnina ancora profumata e dall'incarnato roseo, ormai priva di carezze e teneri abbracci per me che ero ancora una bambina.

Sembrava mi potesse ascoltare, mentre le promettevo di fare tutto quanto mi aveva insegnato: dalle preghiere mattutine e serali a Gesù bambino, alle cure con le erbe.

Nonna Pierina Biaggio, sposata Stoppa, nata nel 1910 e cresciuta in via Pedevilla a Giubiasco nella casa di famiglia, dalla tipica struttura ticinese di fine ottocento, con attaccata una stalla con cinque mucche, un maiale e galline, mentre una veranda divideva la casa dal suo giardino fiorito. A pochi passi c'era un grotto, tutt'ora esistente, con un vigneto dove dapprima con nonno Basilio e poi con mio padre Giuliano, la nonna faceva il vino e la grappa. Nei ritagli di terra coltivava invece le verdure necessarie alla nostra alimentazione: l'orto era bellissimo e colorato, c'erano tante qualità di ortaggi, erbe aromatiche e, sotto i filari di vigna, file di fragole, patate, verze, porri, carote, …

Tra le tante cose meravigliose della mia infanzia, ricordo con malinconia il bosco di lamponi e ribes, ormai scomparso, con i quali la nonna preparava gelatine, sciroppi, conserve, torte deliziose e gelati prelibati. Nel vigneto giocavo dentro al mio piccolo rifugio, costituito da una botte secolare per il vino, in cui mio padre aveva intagliato

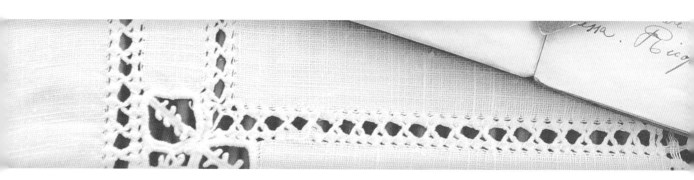

una porta e messo all'interno due piccole panche con un tavolino. Sulle pareti i resti ancora cristallizzati di mosto, dal colore vivace e dal profumo inebriante, sembravano rubini brillanti.

La mia passione per le essenze deriva dai regali che la nonna mi faceva, consistenti in campioni di profumi antichi, contenuti in boccettine di vetro pregiato, delle più rinomate marche francesi d'inizio novecento. Nonna Pierina aveva inventato un gioco tutto nostro, «la bottega degli aromi», iniziandomi all'educazione dell'olfatto dovendo riconoscere gli oli essenziali impiegati nel singolo profumo. Una di queste boccette era composta da un insieme di essenze e oli essenziali adoperati da mia nonna come panacea nelle cure dei malati, ricevuti a casa o che periodicamente andavamo a trovare nelle case per gli anziani o direttamente al loro domicilio. Questi aromi, il bergamotto e il neroli (fiori di arancio o zagara) erano contenuti nella famosa «Acqua di Colonia 4711», con la quale mia nonna intingeva dei fazzoletti di cotone che poggiava sul petto, sulla fronte o dietro il collo del paziente, in modo da alleviare gli stati d'ansia e stress. Mi raccontava, che cent'anni prima l'acqua di Colonia era considerata un medicinale, somministrato oralmente, poi con il passare del tempo diventò famosa per uso estetico. Nel 1600 si chiamava «Aqua Mirabilis» creata da Giovanni Paolo Feminis di Crana nella Val Vigezzo a pochi chilometri dal confine ticinese.

La nonna sulla strada di ritorno nelle passeggiate al santuario di Re in Val Vigezzo, si spingeva poi fino alla Valle Maggia e Valle Onsernone, proprio vicino alla zona dove anticamente era nata la prima «Acqua di Colonia». Qui raccoglieva le erbe come l'issopo e il timo che utilizzava per realizzare i suoi preparati.

Ricordo che sulla veranda di casa si trovavano dei vasi di vetro colorato trasparente, che al sole brillavano, e dentro c'erano oli con

piante o fiori per la macerazione. Creava oleoliti, pomate curative, acque profumate, aceti alle erbe, sciroppi e così via. Il mio passatempo preferito consisteva nel copiare la nonna e, nel suo giardino, giocavo al «ristorante degli aromi» chiamato da me il «gioco delle pentoline». Creavo succulenti minestre di bagno schiuma neutro con aggiunta di erba cipollina tritata, prezzemolo, rosmarino, erba salvia, petali di rosa, che a fine giornata adoperavo per lavarmi. Ornavo i piatti con petali di rose rosse, simulando la carne secca, e petali di rose rosa, rappresentanti il prosciutto cotto. Quando diventavano secchi, la nonna li metteva in acqua e dalla loro macerazione risultava un'acqua profumata ideale per rinfrescare il viso.

La sua casa era un miscuglio di profumi e aromi provenienti dalla cucina dove ribollivano decotti di ogni genere, aceti ricoperti di fiori ed erbe aromatiche, conserve di frutta, di cui una in particolare mi è rimasta nell'anima, quella di lamponi.

A causa della rigorosa economia domestica attuata in quei tempi, la nonna aveva l'abitudine di conservare i fondi di caffè e di mescolarli con argilla verde, foglie di menta piperita e fiori di lavanda, impiegati poi come impacchi rivitalizzanti della circolazione periferica alle gambe.

Il diario della mia dolce nonna

Dopo la morte della nonna, ho continuato a collezionare profumi e studiare, fino a diplomarmi nell'utilizzo degli oli essenziali ed erbe in cosmetica, frequentando nel contempo innumerevoli corsi di gastronomia naturale. Alcuni anni fa, aiutando i miei genitori a riordinare la cantina, ho scoperto, nascosto sotto un'antica credenza, un involto chiuso di vecchi libri, tra i quali si trovava il diario della nonna iniziato nel 1927, a soli diciassette anni. Oltre alle ricette con le erbe, gli

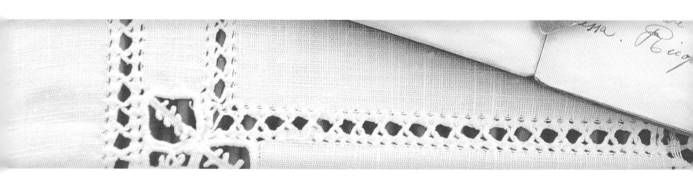

scritti della nonna contenevano anche rimedi naturali, canzoni, ricette gastronomiche; tra i libri ritrovati spiccavano alcuni titoli veramente curiosi come *La brava massaia in tempo di guerra* del 1943 di Guggenbühl & Huber, Edito dalla Schweizer Spiegel di Zurigo o *Ricette di cucina – raccolta fra le signore – pro restauri della Madonna delle grazie in Bellinzona* del 1930, edito dalla tipo-litografia cantonale Grassi & Co. a Bellinzona.

Per me fu l'inizio di una nuova ed entusiasmante avventura che ancora oggi mi conduce verso nuove prospettive ed emozionanti sensazioni.

Per ritrovare tutti i gusti e i sapori, sto ricevendo un grande aiuto da Nedy Porro Balmelli, nuora della prozia di mio padre, che si preoccupa di tramandare le ricette più antiche della famiglia Stoppa. Con lei ho ritrovato i profumi e le belle sensazioni di quando con la nonna andavo a fare la spesa nell'orto e l'aiutavo a preparare i nostri piatti preferiti.

La mia vita trascorre tra il Ticino e la Valle Verde in Savoia (Francia), residenza di Nedy in un pittoresco castello immerso nel verde dove passiamo ore tra i fornelli a preparare polenta con «l'ümid», torte, biscotti e gnocchi. Nei suoi racconti emerge la figura della suocera, chiamata mam Ida (Stoppa), che abitava a Seseglio, e da donna intraprendente qual era, coltivava tabacco, allevava polli e mucche, faceva la «mazza», e produceva il migliore «Zincarlin». Per la sua riuscita, uno dei segreti di mam Ida, era di produrre una panna densa come quella della Gruyère. Mia nonna Pierina ha continuato a tramandare le ricette della famiglia Stoppa, ed io mi sento onorata di conoscerle e di poterle trasmettere a chi vuole ritrovare gli antichi e semplici sapori del nostro passato e del nostro bel Ticino.

RINGRAZIAMENTI

Questo libro è stato pensato in una calda estate siciliana di venti anni fa, nella tenuta di campagna della mia cara amica Helen Manca. Sulla terrazza dei suoi nonni Giovanna e Giovanni, affacciata sulla piana di Lentini che guarda verso l'Etna, tra un bagno rinfrescante e l'altro ci intrattenevamo con freschissime bevande agli agrumi. Lì ho riscoperto tutti i profumi a me cari, quelli che, dopo averli fatti arrivare da queste terre vulcaniche, mia nonna usava per preparare gazzosa ticinese dai tre limoni, sorbetti, sciroppi e gelatine. Grazie al nonno di Helen, ho scoperto quante qualità di agrumi possono deliziare il nostro palato, anche nei mesi più caldi: arancio ovale chiamato in dialetto siciliano «u'calabrisi», limoni lunari, cedro e tarocco gallo.

Un pensiero anche ai genitori di Helen, Tina e Nino, che per vent'anni, mi hanno ospitata come una figlia durante i miei soggiorni di ricerca sugli aromi, facendomi inoltre assaggiare diverse specialità locali.

Ringrazio la mia famiglia, e tra tutti voglio menzionare: mamma Carmencita, dalla quale ho ereditato le capacità organizzative e creative; papà Giuliano, per avermi sempre sostenuta e incoraggiata in tutti i miei progetti dandomi buoni consigli e insegnamenti olfattivi; i miei fratelli Alvaro e Jolanda, il dottor Marco Conedera, mio cognato, laureato in ingegneria forestale per la fiducia riposta nelle mie capacità; infine mia cugina Loredana con la quale ho condiviso un'infanzia avvolta dai profumi inebrianti delle creazioni di nonna Pierina.

Ringrazio i cugini Nedy ed Ernesto Porro, per la splendida ospitalità, il calore e l'affetto che mi danno ad ogni mio nuovo soggiorno; li ringrazio inoltre per il loro sostegno nella realizzazione dei miei progetti.

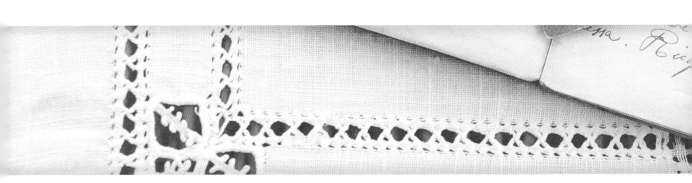

Il mio abbraccio va alla cara nonna: i suoi insegnamenti mi hanno indicato la via che mi ha condotto a conoscere persone con le quali ho condiviso il mio cammino. Tra queste il dottor Marco Valussi, fitoterapeuta, laureato presso l'università del Middlesex, Londra, con formazione in scienze forestali a Padova e la dottoressa Brigitte Ketner, di Colonia laureata in biologia presso l'università di Bologna e ricercatrice in campo batteriologico e dermatologico che mi ha insegnato l'utilizzo della fitoterapia e dell'omeopatia in cosmetica.

Ringrazio inoltre: gli amici, i miei allievi dei corsi per adulti, le estetiste che seguono le mie lezioni e i clienti de «La Primula» per avermi incoraggiata a realizzare questo libro; Daniela Lepori, per le innumerevoli e divertenti serate a scrivere e cucinare; Francesca Visetti-Ceroni per l'aiuto nella preparazione di alcune fotografie; Patrik Belloni per l'apparecchiatura fotografica e l'assistenza informatica; l'avvocato Chiarella Rei-Ferrari, per avermi dato la forza e la determinazione di continuare a credere nel mio progetto, anche nei momenti più difficili e la storica Yvonne Camenisch per l'aiuto nella correzione del libro.

Ringrazio di cuore la casa editrice Armando Dadò di Locarno, per l'accoglienza, la disponibilità e la pubblicazione di *Le Ricette di mia nonna*, e in modo particolare Giuseppe Gruosso per la competenza nella progettazione grafica e nell'impaginazione del libro.

Avvertenza

Le indicazioni terapeutiche
non sostituiscono alcun consiglio
medico. In caso di gravidanza,
allattamento, disturbi di salute
poco chiari o seri si prega
di consultare un medico.

Con mamma Carmencita.

Aromi in credenza

" Invitare qualcuno a pranzo
vuol dire incaricarsi della felicità di questa persona
durante le ore che egli passa sotto il vostro tetto. "

ANTHELME BRILLAT-SAVARIN

Erbe medicinali in cucina, elisir di salute

66 Le piante aromatiche appena raccolte e aggiunte
solo alla fine, sono elementi essenziali per conferire
alle pietanze un sapore particolare.
Oltre ad essere erbe apprezzate in cucina,
le loro preziose sostanze attive hanno effetti curativi
e preventivi che fanno bene alla nostra salute. 99

GIULIANA

Alloro

Albero dei poeti
Dafne
Lauro
Laurus nobilis
Lauracee
Simbolo di vittoria e salute
Parti usate: foglie

Pianta sempreverde perenne con foglie lanceolate e coriacee
con bordo leggermente ondulato di colore verde intenso.
In primavera compaiono fiori gialli raccolti in ombrelle.
Il frutto somiglia ad un'oliva verde che diventa nera bluastra
nella maturazione. È spontanea nelle aree del mediterraneo e
in prossimità dei laghi è coltivata anche come pianta ornamentale.
La raccolta può avvenire tutto l'anno e si fa essiccare al sole.

Uso gastronomico

Per le sue proprietà digestive è indispensabile per stufati,
minestre, salse, marinate, baccalà, paté, selvaggina
e pesce lesso.

Proprietà terapeutiche

Aromatiche, aperitive, digestive, stimolanti e antisettiche.

Avvertenze

È da notare che tutti i lauri, eccetto quello da cucina,
sono velenosi.

Anice

Pimpinella anisum
Ombrellifere
Simbolo della concordia
Parti usate: semi

Erba annuale, con fiori piccoli biancastri a forma di ombrella e fioritura in piena estate. Le foglie non sono molto numerose e con forme differenti in base alla posizione che occupano sul fusto. Predilige terreni leggeri e fertili e si può coltivare anche in vaso: l'importante è l'esposizione soleggiata e riparata.

Uso gastronomico

È utilizzato per aromatizzare liquori e tisane.
I semi aggiungono sapore al pane, alle focacce e ai dolci.

Proprietà terapeutiche

Stomachiche, carminative, antispasmodiche, digestive e favorisce la montata lattea.

Avvertenze

Bisogna fare attenzione perché assunto in forti dosi l'essenza dell'anice è tossica soprattutto se è stata esposta alla luce e all'aria.

Basilico
Pianta reale
Erba sacra
Ocimum basilicum
Labiate
Simbolo della dolcezza
Parti usate: foglie

Erbacea annuale con foglie ovali peduncolate di colore verde brillante, lisce o bollose. Coltivata negli orti e nei giardini ad uso gastronomico e decorativo. Si utilizzano le foglie raccolte da primavera a fine estate. Usarle preferibilmente fresche appena raccolte.

Uso gastronomico
Le foglie servono a insaporire minestre, insalate, sughi, ripieni, frittate, pizze, pesti, salse, verdure, funghi, aceti, oli, liquori aromatici e infusi digestivi.
Per la conservazione, si possono congelare o essiccare le foglie, oppure marinare in olio d'oliva con sale in vasi di vetro o porcellana.

Proprietà terapeutiche
Digestive, antispasmodiche, aromatiche, antinfiammatorie, disinfettanti, eccitanti, stimolanti e tonificanti.

Avvertenze
L'utilizzo dell'olio essenziale non è indicato in gravidanza e in soggetti epilettici. Può risultare irritante su pelli sensibili.

Camomilla
Camomilla comune
Camomilla blu
Matricaria chamomilla
Composite
**Simbolo di forza, calma
e pazienza
Parti usate: capolini**

Pianta a ciclo annuale che predilige terreni ben concimati
e drenati, ama inoltre l'esposizione in pieno sole.
Fiorisce da maggio fino alla fine dell'estate. I fiori dal colore
bianco hanno al centro un cono giallo, dove si trovano tutte
le sostanze attive. Le foglie dal profumo di mela sono
un colore verde chiaro.

Uso gastronomico
È impiegata nella preparazione di infusi e per profumare
vini spagnoli come lo Xeres.

Proprietà terapeutiche
Calmanti, sedative, nervine, antispasmodiche, antinfiammatorie,
emmenagoghe, carminative, antinevralgiche, antiossidanti,
toniche, febbrifughe, vermifughe e antireumatiche.

Avvertenze
Consumare lontano dai pasti, controindicata in gravidanza
e in caso di diarrea. L'olio essenziale, di colore blu per il contenuto
di azulene, non va usato su persone allergiche.

Cannella

Cinnamomum zeylanicum
Lauracee
Pianta divina
**Parti usate: interno
della corteccia**

Albero di dieci metri sempreverde, con corteccia spessa
e rugosa. I fiori sono terminali ramificati, bianco giallastri.
Le foglie ovali-oblunghe, presentano delle nervature coriacee
e lucenti e infiorescenze verdastre.
I frutti sono drupe ovoidali contenenti un solo seme.
Le piante prediligono un ambiente dove la temperatura
si mantenga costantemente elevata e l'umidità sia sempre
presente come nelle zone tropicali.

Uso gastronomico

Grazie al suo gradevole aroma, che ricorda quello dei chiodi
di garofano, si accompagna a note pepate e dopo averla ridotta
in polvere, la si può impiegare per insaporire frutta cotta, patate,
carne, torte, biscotti, gelati, creme, budini, tisane e vini caldi.

Proprietà terapeutiche

Antisettiche, antimicrobiche, antiossidanti, disturbi legati
al freddo, carminative e stimolanti del sistema nervoso favorendo
l'eliminazione e l'assorbimento dei gas intestinali.

Avvertenze

A dosaggi elevati può causare problemi in gravidanza.

Cumino
Falso anice
Cuminum cyminum
Ombrellifere
Pianta dell'amicizia
Parti usate: semi

Erbacea annuale di circa trenta centimetri coltivata alle nostre latitudini. I fiori possono essere di colore bianco o rosa e appaiono a fine primavera per poi lasciare il posto ai frutti bruni di forma allungata e dalla superficie pelosa. Vive in terreno sabbioso, calcareo e piuttosto arido in pieno sole e ama le posizioni riparate dai venti.

Uso gastronomico
Dall'aroma piccante è utilizzato per insaporire piatti a base di patate, carni e formaggi freschi.

Proprietà terapeutiche
Digestive, antispasmodiche, sudorifere e i frutti maturi combattono l'alitosi.

Avvertenze
Evitare l'uso in caso di gravi epatopatie.

Erba cipollina
Porro sottile
Aglio ungherese
Allium schoenoprasum
Gigliacee
Parti usate: foglie

Pianta perenne con cespi molto fitti le cui foglie sono fini, cilindriche, erette, di colore glauco. I fiori di un bel color malva fioriscono a fine primavera o in estate. Predilige un terreno fresco e ricco, ama il sole ma anche la mezz'ombra. Le foglie si possono essiccare o congelare. Quelle essiccate si bagnano con succo di limone quando si desidera reidratarle.

Uso gastronomico
Chi gradisce il sapore della cipolla, ma ha difficoltà a digerirle, può sostituirla con qualche foglia di erba cipollina.
La digestione è così facilitata e l'alito non darà problemi.
Le foglie sono indicate per dare sapore ad insalate, piatti di pesce e formaggi morbidi. Anche i fiori sono commestibili, hanno un delicato sapore di cipolla e possono essere utilizzati per decorare insalate.

Proprietà terapeutiche
Stimolanti, digestive, depurative e antisettiche.

Finocchio selvatico

Foeniculum vulgare
Ombrellifere
**Simbolo di forza,
rinascita e rigenerazione**
Parti usate: semi

Erbacea dal fusto eretto di un metro e mezzo ramificato e striato. Le foglie finissime di un colore verde lucente sono attaccate al fusto con delle guaine. I fiori sono delle ombrelle gialle che si aprono il mese di giugno. I semi scanalati e ricurvi, presentano un colore marrone verdastro. Il finocchio, diffuso in tutte le zone temperate, predilige un ambiente arido e sassoso.

Uso gastronomico

I semi di finocchio per il loro inconfondibile aroma vengono utilizzati per insaporire biscotti, liquori, tisane, salse, …

Proprietà terapeutiche

Carminative, galattagologhe, stomachiche, emmenagoghe.
Il finocchio è ricco di zuccheri, amido, pectina e olio essenziale balsamico (l'atenolo).

Avvertenze

Non eccedere nelle dosi per evitare convulsioni provocate dal contenuto di atenolo.

Ginepro

Juniperus communis
Cupressacee
Simbolo di coccole, protettore
Parti usate: bacche

Arbusto sempre verde, spinoso, dalla crescita lenta, è una pianta che si può trovare in montagna dove crescono faggi, castagne e querce. Le foglie sono aghiformi di colore verde argenteo e strettamente lineari. I fiori gialli chiari appaiono a fine primavera e da quelli femminili si sviluppano i frutti a forma di bacche che prima di giungere a maturazione cambiano colore dal verde al viola scuro e restano dai due ai tre anni sulla pianta.

Uso gastronomico
Sono utilizzate per aromatizzare carni e liquori.
Se per la cottura della carne alla griglia viene usata legna di ginepro, l'aroma penetrerà nei cibi.

Proprietà terapeutiche
Balsamiche, diaforetiche, toniche, emmenagoghe e antireumatiche.

Avvertenze
Se le bacche vengono assunte in dosi elevate, possono provocare irritazioni all'apparato urinario e renale. Preparati, vini, liquori e grappe a base di ginepro non devono essere consumati per più di cinque giorni consecutivi.

Iperico
Erba di San Giovanni
Scaccia diavoli
Hypericum perforatum
Ipericacee
Parti usate: fiori e foglie

Pianta perenne dal fusto eretto rossastro e legnoso, con foglie opposte ovali lanceolate e provviste di numerose ghiandole ricche di olio essenziale. I fiori gialli punteggiati di nero compaiono durante l'estate: se si strofinano nelle dita, colorano la pelle di rosso.
I frutti sono delle capsule ovoidali.
È una pianta che si sviluppa in terreni abbandonati e asciutti, fino a 1600 metri di altitudine.

Uso gastronomico
Per infusi, vini, bevande.

Proprietà terapeutiche
Antisettiche, astringenti, cicatrizzanti, sedative, vermifughe, diuretiche, emmenagoghe.

Avvertenze
L'assunzione di olio essenziale o fitoestratti non è compatibile con alcuni farmaci.
Si consiglia di consultare un medico.

Lavanda
Spiga di Francia
Spigo di San Giovanni
Lavandula angustifoglia
Labiate
**Simbolo di purezza,
virtù e serenità**
Parti usate: fiori

Arbusto sempre verde a fusti eretti, non ramificati, con foglie di colore verde grigiastro lineari lanceolate. I fiori di colore blu-violetto sono raggruppati in spighe. La fioritura avviene in estate; cresce spontanea sulle alpi, predilige luoghi aridi e sassosi, preferibilmente calcarei, esposti al sole.

Uso gastronomico
I fiori freschi o secchi sono utilizzati per aromatizzare primi piatti, carni, dessert, torte, biscotti, tisane, aceti, oli, sali e insalate.

Proprietà terapeutiche
Antisettiche, battericide, antispasmodiche, diuretiche, stimolanti, sedative e sudorifere.

Avvertenze
È incompatibile con ferro e iodio.

Limoncina
Erba limona
Erba cedrina
Melittis melissophyllum
Labiate
Parti usate: foglie

Pianta erbacea perenne dal delicato aroma di limone.
Il fusto è eretto e poco ramoso, più o meno peloso,
le foglie sono disposte in modo opposto a due a due con piccioli.
Il bordo è dentato con forma ovalo-oblunga.
L'inflorescenza è composta da grandi fiori rosei o bianchi
disposti unilateralmente. Il frutto è formato da quattro acheni
di forma globulare contenuto nel calice. Il suo habitat
ideale è nei boschi tra querceti, faggeti e castagneti.

Uso gastronomico
Con le foglie fresche o essiccate, si possono preparare tisane,
bevande o liquori. Le giovani foglie sono utilizzate generalmente
per insaporire insalate, frittate e mescolate all'ultimo momento nella
cottura di conserve e gelatine o tritate su gelati e macedonie.

Proprietà terapeutiche
Toniche, digestive e calmanti.

Maggiorana

Origanum majorana
Labiate
Simbolo di bontà
Parti usate:
foglie e sommità fiorite

Erbacea dal fusto eretto di colore verde screziato di rosso dalle foglie ovali-oblunghe arrotondate all'apice di colore verde pallido. I caratteristici fiori, bianchi o violetti compaiono in estate e sono riuniti in pannocchie.
È coltivata ovunque e a volte cresce spontanea.

Uso gastronomico

Deve essere consumata cruda, dopo averla ben tritata o aggiunta alle pietanze a fine cottura.
Ideale nei secondi di carne, nei ripieni e negli umidi.

Proprietà terapeutiche

Diuretiche, toniche, digestive, stimolanti e aromatiche.

Avvertenze

L'olio essenziale è controindicato in gravidanza.

Menta piperita
Menta inglese
Mentha piperita
Labiate
**Simbolo di saggezza
e ospitalità**
Parti usate: foglie

Pianta erbacea ricca di rami con foglie oblunghe-lanceolate opposte e margini dentati. Fiorisce in tarda primavera ed estate con fiori rosso-rosati riuniti in spighe. Viene coltivata, ma è anche presente allo stato selvatico. Tutte le varietà di menta prediligono terreni freschi, drenati e piuttosto ricchi di sostanze nutritive.

Uso gastronomico
Il suo aroma penetrante è indicato in estate per aromatizzare sciroppi e tisane rinfrescanti. Le foglie si possono utilizzare per insaporire verdure, carni, dolci, gelatine, cioccolata oltre che a preparare aceti e liquori.

Proprietà terapeutiche
Digestive, antispasmodiche, antisettiche, espettoranti e carminative.

Avvertenze
Non assumere in forti dosi e durante cure omeopatiche. L'olio essenziale non è da utilizzare in gravidanza e durante la prima infanzia.

Pepe

Piper nigrum
Piperacee
Simbolo di potere
Parti usate: drupa

Pianta perenne dalle foglie coriacee e ovali. I fiori sono piccoli, mentre il frutto è una drupa che contiene un seme, prima verde e nella maturità rosso. Predilige terreni umidi e ben concimati. Le diverse qualità di pepe provengono dallo stesso frutto, dopo procedimenti di lavorazione diversi:

Pepe verde
Ricavato dalle bacche acerbe.

Pepe nero
Ricavato dall'essicazione al sole delle bacche acerbe.

Pepe bianco
Ricavato dalle bacche rossastre e private della pellicola esterna.

Pepe grigio
Miscela di pepe bianco e pepe nero.

Creola
Miscela di pepe bianco, pepe nero, pepe verde, pepe rosa e pimento.

Pepe mignonnette
Miscela di bacche bianche e nere macinate grossolanamente.

Pepe rosa
Bacche quasi mature di un albero del Sud America.

Pepe rosso
Fa parte delle rutacee ed è usato nella cucina orientale.

Uso gastronomico
Il pepe bianco e il pepe rosa sono utilizzati a scopo decorativo nelle salse chiare, mentre il pepe verde dal gusto delicato viene usato per carni e pesce. Il pepe nero dal carattere forte è indicato per esaltare i sapori o come conservante, ad esempio per i formaggi.

Proprietà terapeutiche
Digestive, carminative, sudorifere, diuretiche, espettoranti, tonico nervine, antipiretiche e vermifughe.

Avvertenze
Dosaggi eccessivi sono controindicati in soggetti sofferenti d'infiammazioni e ulcere gastrointestinali.

Prezzemolo

Petroselinum hortense
Ombrellifere
Simbolo di magia
**Parti usate: foglie,
gambi, radici e semi**

Foglie picciolate e dentellate di colore verde scuro.
Durante la primavera compaiono i fiori raccolti in ombrelli
di colore giallo verdastro che producono semi di colore grigio
bruno. Non richiede terreni particolarmente arricchiti,
poiché cresce anche allo stato selvatico.
Può essere coltivato sia in vaso che in piena terra.

Uso gastronomico

È tra le erbe più presenti nelle pietanze crude e cotte
e il suo aroma si esalta nei triti aggiunti alle pietanze
all'ultimo minuto.

Proprietà terapeutiche

Diuretiche e le sue radici sono diaforetiche.
I semi sono emmenagoghi, antisettici e antispasmodici.
Possiede un alto contenuto di vitamine A e C.

Avvertenze

Come con tutte le cose buone bisogna avere la saggezza
di adoperarlo a piccole dosi, poiché eccedere causerebbe
intossicazioni e avvelenamenti.

Rosa canina
Rosa selvatica
Rosa canina L.
Rosacee
Simbolo d'amore
Parti usate: fiori e bacche

Pianta cespugliosa e perenne, chiamata anche rosa di macchia, con diversi fusti muniti di forti aculei che partono tutti da una stessa radice. Le sue dimensioni variano da trenta a ducento centimetri. È un umile rovo, ornato da semplici roselline bianco rosa, leggermente profumate e di bacche rosso vivo, ripiene di molti semi pelosi e di una polpa acidula.

Uso gastronomico
È indicata per marmellate, gelatine, grappe aromatiche, infusi e sciroppi.

Proprietà terapeutiche
Astringente intestinale, antidiarroica, vaso protettore, antinfiammatoria, tonica e ricca di vitamina C.

Rosmarino
Rosmarinus officinalis L.
Labiate
Simbolo d'immortalità
Parti usate:
foglie aghiformi e fiori

Arbusto perenne legnoso e cespuglioso.
Ha numerose foglie verde scuro sulla parte apicale
e inferiormente argentate. Fiorisce per buona parte dell'anno
nelle caratteristiche sfumature azzurre-violetto chiaro.
Tipica pianta mediterranea coltivata o spontanea.

Uso gastronomico
Il fiore viene utilizzato nelle insalate, le foglie per aromatizzare
piatti di carne, verdure al forno, minestre, risotti, pane,
oli, vini e aceti. Si adopera anche sotto forma di dessert:
candito, polverizzato di zucchero e con crema in aggiunta
alla macedonia di frutta.

Proprietà terapeutiche
Stimolanti, toniche, stomachiche, digestive, diuretiche,
balsamiche, antisettiche, rubefacenti, antispasmodiche
ed eupeptiche.

Avvertenze
Controindicato in gravidanza; da somministrare
per brevi periodi. L'olio essenziale può essere usato solo
su prescrizione medica.

Salvia

Salvia officinalis L.
Labiate
Simbolo di salute
Parti usate: fiori e foglie

Cespuglio sempre verde le cui foglie hanno l'aspetto di un picciolo allungato, sono spesse, rugose e vellutate al tatto. Durante la stagione primaverile, la salvia fiorisce in spighe di colore blu-violetto emanando un aroma inconfondibile. Predilige terreni sassosi ed esposti al tepore solare tipici delle nostre zone. Coltivata negli orti, in questi ultimi anni viene apprezzata anche nelle decorazioni floreali e nell'arricchimento delle aiuole.

Uso gastronomico

Si aromatizzano minestre, verdure, sughi, carni, pesci, selvaggina, marinate, frittate, vini, aceti, infusi, ...

Proprietà terapeutiche

Digestive, antisettiche, antisudorifere, espettoranti, cicatrizzanti e toniche del sistema nervoso, disinfetta l'apparato genitale e favorisce la comparsa delle mestruazioni.

Avvertenze

Prestare particolare attenzione nella somministrazione di oli essenziali derivanti dalla salvia nelle donne in gravidanza o in patologie legate all'iperestrogenismo dovuto alla mastopatia. Nei soggetti nervosi è sconsigliato eccedere nelle dosi di tisane o infusi.

Tiglio

Tilia L.
Tiliacee
Simbolo di longevità
Parti usate:
bocciolo prima della fioritura,
fiori, corteccia

Albero di grandi dimensioni con corteccia screpolata di colore grigio. Le foglie sono di colore verde scuro e lucide con margini seghettati. Durante la stagione estiva sbocciano piccoli fiori bianco-giallastri profumatissimi e melliferi.
I frutti hanno le dimensioni di un pisello.
Il tiglio è una pianta diffusa in collina e utilizzata per ombreggiare giardini e viali.

Uso gastronomico
Infusi, decotti e liquori.

Proprietà terapeutiche
Calmanti, antispasmodiche, sedative, antireumatiche e diaforetiche.

Timo
Amorina
Thymus vulgaris
Labiate
Simbolo dell'amore
Parti usate: foglie e sommità fiorite

Piccolo arbusto perenne ricco di rami con foglie piccole lanceolate verde argentate, cotonose e biancastre. I fiori, bianco rosati o lilla, compaiono dalla primavera alla fine dell'estate. È una pianta che si adatta sia in ambienti sassosi che aridi, dal mare fino ad alta quota e coltivata negli orti come erba aromatica.

Uso gastronomico
È adoperato per eccitare l'appetito grazie al suo aroma che arricchisce arrosti, stufati, umidi, salmì, salse, intingoli, piatti di pesce, insalate, marinate, ripieni, formaggi, verdure cotte, marmellate, macedonie di frutta e gelatine. Serve inoltre per aceti e oli aromatici, nonché per vini, liquori e tisane.

Proprietà terapeutiche
Balsamiche, espettoranti, antisettiche, stimolanti, toniche del sistema digestivo e antibiotiche.

Avvertenze
L'olio essenziale non va utilizzato in gravidanza e nei bambini. Quello di «timo dolce» ad alcoli (linalolo, geraniolo), invece ha un potere antimicrobico ed è ben tollerato dai bambini e per questo più sicuro.

Annotazioni

A tavola con nonna Pierina

> I nostri ricordi più belli li ritroviamo fuori di noi,
> in una pioggia improvvisa,
> nell'odore di una camera da letto,
> o nel profumo del primo fuoco di paglia:
> in tutti questi odori ritroviamo qualcosa di noi stessi
>
> MARCEL PROUST

Primi piatti

Minestra di riso, patate e prezzemolo

2 patate di grandezza media
1 l di brodo

Sbucciare le patate, tagliarle a piccoli dadi e portare ad ebollizione.

100 gr di riso
1 spicchio d'aglio schiacciato

Aggiungere e cuocere per 20 minuti a fuoco medio.

erba cipollina tritata
prezzemolo tritato
20 gr di burro

Aggiungere a fine cottura e lasciare riposare 2 minuti.

Zuppa di zucca

1 cipolla media tritata
1 C d'olio di girasole
Rosolare la cipolla.

1 kg di zucca gialla
Sbucciare, togliere i semi, i filamenti, tagliare a piccoli dadi, unire al soffritto e cuocere per 5 minuti.

7 dl di brodo
pepe
Aggiungere e cuocere per 30 minuti.

1 dl di latte
Passare la zuppa nel passaverdure, utilizzando un disco a piccoli fori, aggiungere il latte e cuocere a fuoco basso per 5 minuti.

50 gr di burro
Sbrinz grattugiato
Aggiungere a fine cottura e lasciare riposare per 2 minuti.

Minestra di ortiche

4 manciate di ortiche (solo le cime di ortica giovane)
Sbollentare per 2-3 minuti, sgocciolare e tritare.

1 cipolla
1 pezzetto di burro
**Tritare la cipolla, rosolare, aggiungere le ortiche
e cuocere finchè non sono tenere.**

2 C di farina
Aggiungere mescolando.

1 l di brodo
Aggiungere mescolando.

Sale e pepe
1 piccolo spicchio d'aglio schiacciato
Aggiungere e cuocere per 20 minuti a fuoco medio.

Sbrinz
Olio di girasole
Aggiungere a fine cottura e lasciare riposare 2 minuti.

Panata

2 l d'acqua
350 gr di pane secco
1 presa di sale
40 gr di burro
Cuocere a fuoco vivo per 30 minuti, continuando a rimestare.

4 tuorli d'uovo
2 dl di latte
Aggiungere i tuorli sciolti nel latte e mescolare.

Pasta alle noci e Sbrinz

100 gr di noci sgusciate
80 gr di Sbrinz
1 spicchio di aglio
1 pizzico di sale
1 grattata di pepe
8 C di panna
2 C d'olio di girasole

**Frullare fino ad ottenere una salsa omogenea,
metterla in una ciotola abbastanza grande da contenere
la pasta quando sarà cotta.**

350 gr di pasta

**Lessare la pasta in abbondante acqua salata e,
poco prima di scolarla, aggiungere un cucchiaio di acqua
di cottura nella ciotola del condimento e stemperarla.**

2 c d'olio di noci

**Mescolare la pasta scolata nella ciotola e servire
immediatamente con qualche goccia di olio di noci.**

Ris in cagnon bianc

2 grosse patate
acqua

**Sbucciare le patate, tagliare a piccoli dadi
e portare ad ebollizione.**

sale
400 gr di riso

Aggiungere e cuocere per 20 minuti.

50 gr di burro
1 spicchio d'aglio schiacciato
4 foglie di erba salvia

Rosolare e aggiungere al riso e patate scolati.

60 gr di Sbrinz grattugiato

Aggiungere prima di servire.

Ris in cagnon ross

2 grosse patate
acqua

**Sbucciare le patate, tagliare a piccoli dadi
e portare ad ebollizione.**

sale
400 gr di riso

Aggiungere e cuocere per 20 minuti.

50 gr di burro
1 cipolla media tritata
1 spicchio d'aglio schiacciato

Rosolare.

4 dl di passata di pomodoro
1 rametto di rosmarino tritato fine
1 foglia di basilico
1 c colmo di concentrato di brodo

**Aggiungere al soffritto e cuocere per 15 minuti;
unire al riso e patate scolati.**

60 gr di Sbrinz grattugiato

Aggiungere prima di servire.

Minestra
di pasta e fagioli

40 gr di burro
2 C d'olio di girasole
1 cipolla media
1 carota
1 porro
1 gambo di sedano
1 manciata di prezzemolo
1 spicchio d'aglio
1 rametto di rosmarino
qualche foglia di basilico
qualche foglia di maggiorana

**Tritare gli aromi e rosolare nel burro e nell'olio di girasole
fino a fare dorare.**

300 gr di fagioli lessati
2 C polpa di pomodoro
8 dl di brodo

**Ridurre i fagioli in purea e aggiungere con gli altri ingredienti.
Cuocere per 20 minuti.**

300 gr di fagioli lessati
una manciata di pasta corta

Aggiungere e cuocere ancora per 20 minuti.

pepe
Sbrinz grattugiato

Aggiungere a fine cottura.

Gnocchi
di patate e Sbrinz
in salsa rosa

1,2 kg di patate
1 pizzico di sale

**Mettere le patate in acqua fredda con la buccia
e cuocere per 40 minuti. Scolarle, pelarle e passarle
allo schiacciapatate e unire il sale.**

300 gr di farina
2 C olio di girasole
50 gr di Sbrinz grattugiato

**Aggiungere poco alla volta la farina, l'olio e lo Sbrinz.
Lavorare il composto, unendo ulteriore farina fino ad ottenere
un impasto liscio e di giusta consistenza (la qualità della
patata determina il quantitativo di farina da aggiungere).
Preparare dei rotolini, passarli nella farina e tagliare
dei cilindri di ca. 2 centimetri.**

abbondante acqua
sale

**Lessare in abbondante acqua salata, per 2 minuti,
finché non vengono a galla. Scolarli con la schiumaiola.**

Per la salsa
1 tazza grande d'acqua bollente
1 c colmo di concentrato di brodo
100 gr di concentrato di pomodoro

Sciogliere il dado e il concentrato nell'acqua.

2,5 dl di panna

Aggiungere e cuocere per qualche minuto.

Papà Giuliano.

Polenta

Ingredienti per 10 persone

7 l d'acqua

1 C d'olio di girasole

14 c da tè di sale

Portare ad ebollizione in un paiolo o in una pentola.

2 kg di farina

(mista: gialla, valtellinese, saracena)

Aggiungere poco alla volta, per evitare che si creino grumi.
Coprire e cuocere per 1 ora e 30 minuti,
mescolando di tanto in tanto.

100 gr di burro

Aggiungere a fine cottura.

Polenta cunscia

Per la polenta: vedi ricetta a pag. 67

40 gr di burro
1 cipolla media tritata
400 gr di carne di manzo macinata

Rosolare.

1 bicchierino di Marsala

Aggiungere e fare evaporare.

4 dl passata di pomodoro
1 spicchio d'aglio schiacciato
rosmarino tritato
pepe
2 c colmi di concentrato di brodo

Aggiungere e cuocere per 30 minuti a fuoco basso.

2,5 dl di panna
150 gr di Sbrinz grattugiato

A fine cottura, in una pirofila fare degli strati alternando polenta e carne. L'ultimo strato dev'essere di polenta. Ricoprire con la panna e lo Sbrinz grattugiato. Cuocere in forno preriscaldato a 200° per 20 minuti.

Patate al latte e formaggio

1,5 kg di patate

Sbucciare e tagliare a rondelle le patate.

1,5 l di latte
30 gr di formaggio morbido
80 gr di burro

Imburrare una pirofila, mettere a strati patate, latte e alcuni pezzetti di burro e formaggio. L'ultimo strato deve essere di burro e formaggio. Mettere in forno e cuocere lasciando dorare le patate (circa 30 minuti a 200°).

Revölt

2 kg di cornetti (fagiolini)

Lessare i cornetti e lasciarli raffreddare.

200 gr di burro
1 C olio di girasole
200 gr di farina gialla per polenta
1 piccola presa di sale
1 macinata di pepe

Rosolare i cornetti nel burro e olio.
Incorporare la farina a pioggia, il sale, il pepe, continuando
a mescolare e cuocere per ca. 40 minuti.

Zucchine multiuso

2 C di olio di girasole
1 cipolla tritata

Rosolare leggermente.

1,5 kg di zucchine
2 pomodori freschi
1 rametto di rosmarino
6 foglie di erba salvia
2 c colmi di concentrato di brodo

Tagliare a rondelle fini le zucchine, togliere la pelle ai pomodori
e tagliare a dadini, tritare finemente il rosmarino, l'erba salvia e
aggiungere il tutto al soffritto. Cuocere per 45 minuti
(i primi 10 minuti con coperchio).

2 spicchi d'aglio
prezzemolo tritato
1 rametto di timo
1 rametto di maggiorana

Aggiungere a fine cottura.

Sbrinz grattugiato

Spolverare prima di servire.

Croquettes
di lenticchie

4 C olio di girasole
1 cipolla media tritata
2 foglie di alloro
un pizzico di timo
un pizzico di maggiorana
qualche foglia di basilico
1 C di concentrato di pomodoro

Rosolare gli ingredienti.

200 gr di lenticchie
acqua
2 c colmi di concentrato di brodo

Aggiungere e coprire con acqua. Cuocere per 30 minuti.
Ridurre in purea densa con l'aiuto del passaverdure.

50 gr di burro

Aggiungere e lasciar fondere.

pepe
1 uovo intero e 2 tuorli

Unire mescolando e lasciare raffreddare su un piatto.

2 albumi
pane grattugiato

Dividere in croquettes della grandezza di un turacciolo,
passare nell'albume, poi nel pane grattugiato.

olio per friggere

Friggere fino ad ottenere un colore dorato.

Fagioli in umido

25 gr di burro
1 C di olio di girasole
100 gr di pancetta nostrana
Tagliare a dadini e rosolare.

½ kg di fagioli borlotti
½ bicchiere di vino rosso nostrano
Aggiungere e lasciare evaporare il vino.

300 gr di passata di pomodoro
½ l di brodo di manzo
Aggiungere e cuocere a fuoco lento per 20 minuti.

1 rametto di rosmarino tritato fine
2 foglie di erba salvia
Aggiungere e cuocere nuovamente per 25 minuti.

1 manciata di prezzemolo tritato
1 spicchio d'aglio schiacciato
1 grattata di pepe
Unire a fine cottura.

Annotazioni

Secondi piatti

Patate, luganighe e salsa verde

4 luganighe
12 patate medie

Mettere le luganighe in abbondante acqua e cuocere per 45 minuti. Aggiungere le patate intere pelate e cuocere il tutto per ulteriori 30 minuti. Scolare e servire.

Salsa verde

1 mazzetto di prezzemolo
1 spicchio d'aglio

Tritare.

50 gr di mollica di pane
latte

Mettere a mollo nel latte, strizzare, aggiungere e frullare il tutto.

1 pizzico di sale
1 macinata di pepe
olio di oliva quanto basta
10 capperi

Aggiungere e frullare nuovamente, fino ad ottenere un composto che risulti morbido e cremoso.

Bollito misto

2 carote
3 coste di sedano
2 cipolle steccate con 2 chiodi di garofano
sale
1 foglia di alloro

Mettere le verdure in abbondante acqua leggermente salata.
Portare ad ebollizione.

1 kg di spalla di manzo

Aggiungere la carne di manzo e abbassare la fiamma.

1 kg di petto di vitello
1 gallina

Dopo circa 1 ora aggiungere il petto di vitello
e la gallina e cuocere per 2 ore.

1 cotechino

Bucherellare in più punti con la forchetta la pelle
del cotechino e cuocere a parte in acqua fredda
per 1 ora e 30 minuti. Servire tutti i pezzi di carne immersi
in poco brodo caldo, accompagnati da verdure lessate
e salsa verde (vedi ricetta a pag. 77 Patate,
luganighe e salsa verde).

Polpette

600 gr resti di bollito misto
1 pezzetto di luganiga
Macinare.

2 michette
latte
Tagliare a piccoli pezzi e ammorbidire nel latte tiepido.

1 mazzo di prezzemolo
1 spicchio d'aglio
Tritare e aggiungere.

2 uova
sale
pepe
2 manciate di Sbrinz
Aggiungere.

farina
tuorlo d'uovo
pane grattugiato
burro
**Formare delle polpette, passarle nella farina,
nel tuorlo d'uovo e alla fine nel pane grattugiato.
Far rosolare da entrambe le parti finché hanno
un colore dorato.**

Polpettone
alla bellinzonese

200 gr di vitello
200 gr di manzo
200 gr di maiale
200 gr di salsiccia
sale
pepe
spezie

**Macinare tutta la carne e condire con poco sale,
pepe e spezie.**

1 uovo
farina

**Aggiungere l'uovo leggermente sbattuto e amalgamare
tutti gli ingredienti. Con le mani inumidite formare
una palla e infarinarla.**

1 porro
1 cipolla
1 mazzo di prezzemolo
1 sedano
1 carota

Tritare.

burro

**Disporre il polpettone nella stessa casseruola con il trito.
Rosolare da ogni parte, rigirandolo con cura,
fino a quando sarà dorato.**

1 bicchiere di vino bianco

Irrorare, alzare la fiamma e far evaporare.

carta da forno
spago sottile
sale

**Avvolgere molto bene il polpettone nella carta da forno,
legare con spago e lessare in acqua bollente leggermente salata
per un'ora e mezza. Va servito tagliato a fette e coperto
con salsa verde (vedi ricetta a pag. 77 Patate,
luganighe e salsa verde).**

Brasato

2 C di olio di girasole
1 cipolla tritata
1 carota tritata
1 spicchio d'aglio schiacciato
1 foglia d'alloro

Rosolare gli ingredienti.

1 kg di manzo
sale
pepe
paprica

Speziare la carne e rosolare per bene tutti i lati.

1 l di Merlot

Aggiungere.

acqua

Coprire per ¾ il pezzo di carne.

1 rametto di rosmarino tritato fine
200 gr di passata di pomodoro
2 foglie d'erba salvia fresca
2 c colmi di concentrato di brodo

**Unire gli ingredienti. Cuocere a fuoco lento
per 4 ore con coperchio.**

farina

**A 15 minuti dalla fine della cottura aggiungere alla salsa
della carne 1 tazza da caffè d'acqua fredda dopo avervi
sciolto 1 c di farina. Tagliare la carne a fette.**

Ümid

2 C olio di girasole
1 cipolla media

Rosolare.

500 gr di manzo
500 gr di vitello
sale aromatico
pepe nero
1 rametto di rosmarino tritato
1 rametto di timo
1 rametto di maggiorana
qualche foglia di erba salvia tritata fine
2 foglie di alloro senza la punta

**Mettere la carne tagliata a pezzi di ca. 4 centimetri di lato
e rosolare con tutti gli aromi.**

1 bicchiere di vino bianco

Sfumare.

acqua bollente

Coprire completamente la carne.

2 c colmi di concentrato di brodo
4 C di passata di pomodoro
2 manciate di piselli freschi

**Aggiungere e cuocere a fuoco lento con coperchio
per 2 ore e 30 minuti, mescolando ogni tanto.**

farina

**A 15 minuti dalla fine della cottura aggiungere alla salsa
della carne 1 tazza da caffè d'acqua fredda dopo avervi
sciolto 1 c di farina.**

prezzemolo
1 spicchio d'aglio

Tritare finemente e aggiungere alla carne prima di servire.

La polenta può essere servita fresca
(vedi ricetta a pag. 67) o messa
in uno stampo per cake allungabile,
lasciata raffreddare, tagliata a fette
e riscaldata.

Arrosto di vitello

olio di girasole

800 gr di magatello di vitello

Ungere la pentola con olio. Mettere la carne a freddo.

paprica

sale aromatico

pepe nero

Aromatizzare bene la carne su tutti i lati.

1 rametto di timo

1 rametto di rosmarino tritato fine

1 rametto di maggiorana

Aggiungere e rosolare la carne.

1 dl di vino bianco

Aggiungere e coprire per 1 minuto.

1 dl d'acqua bollente

1 c colmo di concentrato di brodo

**Sciogliere il brodo nell'acqua bollente e aggiungere.
Cuocere a fuoco lento con coperchio per 1 ora e 30 minuti,
girando ogni tanto la carne.**

erba salvia

1 foglia d'alloro

**A metà cottura aggiungere erba salvia tritata fine e la foglia
d'alloro (se dovesse mancare acqua, aggiungerne di bollente).**

farina

**A 15 minuti dalla fine della cottura aggiungere alla salsa
della carne 1 tazza da caffè d'acqua fredda dopo avervi sciolto
1 c da tè di farina. A fine cottura mettere la carne nella carta
d'alluminio per 20 minuti. Tagliare la carne a fette e riscaldare
10 minuti a fuoco lento prima di servire.**

Vitello tonnato

500 gr fesa di vitello
4 acciughe
1 presa di sale
1,5 dl d'aceto bianco
1 cipolla media
1 piccola carota
1 gambo di sedano
1 foglia di alloro

**Steccare la carne con le acciughe e lessare
in abbondante acqua con tutti gli ingredienti.**

Per la salsa
1 scatola di tonno sott'olio (160 gr)
40 gr di capperi
50 gr di cetriolini sott'aceto
½ limone
250 gr di mayonnaise

**Tritare il tonno con i capperi e i cetriolini.
Aggiungere la mayonnaise e il succo di limone.
Per rendere la salsa più liquida, si può aggiungere il brodo
di cottura. Tagliare a fette sottili la carne e coprire con la salsa.
Mettere in frigorifero e servire il giorno dopo.**

Pollo alla cacciatora

1 pollo di 900 gr

**Levare le cosce e l'anca dal corpo, facendone 2 pezzi.
Fare lo stesso con le ali, dividere il petto e tagliare
in 3 pezzi la schiena.**

100 gr di burro
1 cipolla
farina
sale
pepe

**Rosolare nel burro e cipolla tritata il pollo cosparso
di farina bianca, salato e pepato.**

1 rametto di timo
¼ di foglia di alloro
2 chiodi di garofano
1 mazzetto di prezzemolo

Aggiungere le erbette e il prezzemolo tritato finemente.

30 gr di concentrato di pomodoro
2 dl di brodo

**Aggiungere il concentrato di pomodoro,
sciolto in 2 dl di brodo. Lasciar cuocere lentamente per 1 ora,
rimestando di tanto in tanto.**

Uova di Pasqua

4 uova

Rassodare.

4 fette di fesa di vitello
tagliate grandi e sottili
8 foglie d'erba salvia

Avvolgere l'uovo sodo in due 2 foglie d'erba salvia e posarlo sulla fetta di fesa. Arrotolare e legare con un filo.

farina bianca
burro
sale
pepe

Passare la carne nella farina, speziare e rosolare.

2 dl di passata di pomodoro

Aggiungere e cuocere fino a quando la fesa sarà cotta.

Polpettone di tonno

700 gr di patate

Lessare e schiacciare.

150 gr di tonno sott'olio
una manciata di prezzemolo tritato
2 uova
sale
una macinata di pepe

Amalgamare bene e unire alle patate.
Disporre l'impasto a forma di salame su carta da forno.
Arrotolare e legare con cura.
Mettere in una casseruola con acqua fredda e portare ad ebollizione. Cuocere 30 minuti.
Togliere la carta e quando il polpettone sarà raffreddato, tagliarlo a fette su un piatto da portata, accompagnato da salsa mayonnaise.

Pesci in carpione

4 trote di media grandezza
Raschiare i pesci con un coltello.

erba salvia tagliata fine
rosmarino tagliato fine
sale
pepe
Inserire nella pancia delle trote.

farina
olio
**Infarinare e rosolare nell'olio fino a cottura
e metterle in una pirofila.**

50 gr di burro
2 carote
1 porro
1 gambo di sedano
1 cipolla
Tagliare le verdure a piccoli dadi e rosolare.

pepe in grani
alloro
sale aromatizzato
1 l d'aceto nostrano
**Aggiungere e scaldare per un paio di minuti.
Versare le verdure e l'aceto caldo sopra i pesci
in modo da coprirli completamente.
Servire freddo.**

Annotazioni

Dolci

Sorbetto al mandarino

4 mandarini

Tagliare la sommità, come a formare una sorta di cappello, ed estrarre la polpa, aiutandovi con un coltellino dalla lama seghettata e con un cucchiaino. Ricomporre tutti i mandarini e avvolgerli nella carta d'alluminio, per poi riporli in frigorifero.

1,5 dl d'acqua
150 gr di zucchero
scorza di 5 mandarini
½ litro di succo di mandarino

In un tegame mettere a bollire l'acqua con lo zucchero e le scorze dei mandarini. Quando lo zucchero si sarà completamente sciolto e l'acqua comincerà a bollire, togliere la pentola dal calore, lasciar raffreddare e unire il succo di mandarino.

2 albumi

Montare a neve ferma gli albumi e unire al succo di mandarino raffreddato.

1 C di liquore di mandarino

Aggiungere.
Versare il preparato in una ciotola e riporla in congelatore per 1 ora. Togliere dal congelatore, mescolare e rimettere in congelatore per un'altra ora.
Togliere nuovamente dal congelatore, mescolare bene e riempire con il sorbetto i mandarini, chiuderli con il cappellino, avvolgerli nella carta d'alluminio e rimettere in congelatore per 4-5 ore (in alternativa, per chi possiede una gelatiera, mettere nel congelatore, estrarlo dopo 2 ore, frullare e rimettere a rassodare per 4-5 ore).

Sorbetto al limone

Stesso procedimento del sorbetto al mandarino, sostituendo i frutti e il liquore al mandarino con il Limoncino.

Mele al forno

4 mele di qualità Boskoop

**Tagliare il cappello delle mele, togliere il torsolo
e un po' di polpa che andrà messa da parte e schiacciarla
in una ciotola.**

una piccola manciata di uva passa
2 C di ricotta (quark)
ca. 20 pinoli
noce moscata
cannella

**Far ammorbidire l'uva passa nell'acqua calda e aggiungerla
con tutti gli altri ingredienti mescolando. Riempire le mele
con l'impasto, richiuderle col loro cappello e metterle
in una pirofila imburrata.**

spruzzata di vino bianco dolce
zucchero (a gusto e secondo la dolcezza delle mele)

**Bagnarle con il vino e spolverizzarle con lo zucchero.
Cuocere in forno per 20 minuti ca. a 200°. Servire tiepide.**

Zabaione

Ingredienti per persona
(½ guscio d'uovo da usarsi come misurino)
1 tuorlo
½ guscio d'uovo di Marsala
½ guscio di vino bianco
½ guscio di zucchero

**Lavorare gli ingredienti a bagnomaria servendosi di una frusta
fino a che il composto risulti soffice e spumoso.**

Pan perdü

500 gr pane raffermo

Tagliare a fette.

2 uova

5 dl di latte

Immergere le fette di pane nelle uova sbattute con il latte.

burro

Sgocciolare le fette e dorare nel burro sciolto in una pentola antiaderente. Una volta cotte, posare le fette su una carta assorbente.

zucchero

conserva di lamponi

Spolverizzare e servire calde con la conserva di lamponi diluita in un po' di acqua tiepida.

Focaccia ticinese

4 tuorli

120 gr di zucchero

Lavorare i tuorli fino a che diventano quasi bianchi.

120 gr di pane grattugiato

30 gr di canditi

30 gr d'uva sultanina

scorza di 1 limone

Aggiungere.

4 albumi

Montare a neve e aggiungere adagio per non smontare il composto. Versare in una teglia imburrata e infarinata e cuocere per 15 minuti a 200° (forno preriscaldato).

zucchero al velo

Cospargere la focaccia raffreddata.

Castagne golose di nonna Pierina

quantità desiderata di castagne
cioccolato fondente
burro
zucchero
Rum
panna montata
scaglie di cioccolato

**Lessare le castagne per 30 minuti.
Scolare e ancora calde sbucciarle e passarle
al passaverdura o nello schiacciapatate.
Sciogliere a bagnomaria il cioccolato
con un pezzetto di burro e lasciarlo fondere,
mescolando continuamente.
Aggiungere alla purea di castagne un po' di
zucchero, il composto di burro e cioccolato sciolti
con un cucchiaino di Rum.
Amalgamare bene gli ingredienti fino
ad ottenere un composto liscio e cremoso.
Mettere in coppette da dessert
e lasciare riposare in frigorifero per 1 ora.
Coprire le coppette di panna montata,
scaglie di cioccolata e servire.**

Pan ciocch

4 fette di pane raffermo alte 2 cm
40 gr di burro
2 dl di vino rosso nostrano
zucchero

**Rosolare il pane da ambo le parti nel burro.
Cospargere di zucchero e vino e cuocere finché
tutto il vino non verrà assorbito.
Servire caldo.**

Rosümada

Ingredienti per 2 persone
2 uova
2 C di zucchero
1 tazzino di vino

**Sbattere i tuorli con lo zucchero fino ad ottenere
una crema chiara.
Aggiungere dapprima il vino mescolando bene,
poi gli albumi montati a neve.**

Carote
di nonna Pierina

200 gr di quark magro
4 C di yogurt nature
4 C rasi di zucchero

Mescolare bene.

succo di 1 arancia

Aggiungere.

5 carote grattugiate

Aggiungere e mettere in frigorifero per 1 ora.
Servire fredde come merenda o dessert.

Torta di carote

150 gr di zucchero
4 uova
1 bustina di zucchero vanigliato
1 c di cannella
scorza di 1 limone

Amalgamare bene.

200 gr di mandorle
50 gr di nocciole
300 gr di carote grattugiate

Aggiungere.

80 gr di farina
1 bustina di lievito

Setacciare e aggiungere.
Versare in uno stampo imburrato e infarinato e cuocere
per 30 minuti a 180° (forno preriscaldato).

Per la glassa
200 gr di zucchero al velo
succo di 1 limone

Amalgamare bene e ricoprire la torta una volta raffreddata.

Crostata di mele e cannella

150 gr di zucchero
300 gr di farina
1 bustina di zucchero vanigliato
150 gr burro
1 uovo
1 tuorlo
scorza di 1 limone

Lavorare tutti gli ingredienti fino a creare un impasto ben amalgamato e lasciare riposare 30 minuti al fresco. Spianare, mettere in uno stampo da 26 cm e bucherellare la pasta con una forchetta.

4 C di marmellata di albicocche

Coprire la pasta.

2 mele

Sbucciare, grattugiare e distribuire sopra alla marmellata.

1 C raso di zucchero
1 c raso di cannella

Spolverizzare le mele e cuocere per 20/30 minuti a 180° (forno preriscaldato).

Torta di pane

½ kg di pane raffermo
100 gr di amaretti

**In una pentola capiente mettere il pane a pezzetti
e gli amaretti sbriciolati.**

1 l di latte

**Portare ad ebollizione ed aggiungere mescolando affinché
l'impasto diventi omogeneo.**

100 gr di zucchero
2 C di cioccolata in polvere chiara

Unire all'impasto.

100 gr di cioccolato nero fondente

Sciogliere a bagnomaria e unire.

100 gr di pinoli
2 manciate di mandorle a scaglie
100 gr di frutta candita
100 gr di cedro candito
100 gr di uva sultanina
1 bicchierino di grappa nostrana

Aggiungere gli ingredienti all'impasto.

burro
misto di pane grattugiato e
zucchero

**Imburrare una tortiera e spolverarla con pane grattugiato
e zucchero.**

2 mele
mandorle intere sbucciate
1 pezzetto di burro

**Sbucciare e tagliare a spicchi le mele.
Inserire gli spicchi nell'impasto con il «dorso» visibile
verso l'alto e decorare con le mandorle intere.
Aggiungere dei fiocchetti di burro.
Cuocere per 10 minuti a forno preriscaldato a 200°
e poi per 1 ora a 180°.**

zucchero al velo

Spolverare la torta raffreddata.

Torta di prugne

250 gr di farina
125 gr di burro
1 uovo
3 C colmi di zucchero
3 C di latte
1 bicchierino di Rum

Formare una pasta morbida e stendere su una tortiera.

prugne

**Ricoprire la pasta di prugne disponendole l'una vicina all'altra,
a forma di chiocciola, badando che la parte della buccia
sia poggiata sulla pasta.**

4 tuorli
80 gr di zucchero
1 bustina di zucchero vanigliato

Mescolare bene in una ciotola.

4 albumi

**Montare a neve, aggiungere al composto e ricoprire le prugne
con la salsa ottenuta.**

mandorle tagliate a filetti

Cospargere e cuocere per 40 minuti, a 180° (forno preriscaldato).

Con la nipote Rita.

Torta di fichi freschi

2 tuorli
200 gr di zucchero
1 bustina di zucchero vanigliato
1 vasetto di yogurt naturale

Mescolare bene tutti gli ingredienti con la frusta.

250 gr di farina

Aggiungere setacciando.

2 albumi

Montare a neve e unire delicatamente.

1 C di grappa
½ kg di fichi freschi

Lavare e tagliare i fichi freschi e unire il tutto.
Imburrare e infarinare una tortiera, versare l'impasto
e cuocere 45 minuti a 180° (forno preriscaldato).

Biscottini di fiocchi d'avena

200 gr di fiocchi d'avena
100 gr di burro
1 dl di latte
100 gr di zucchero
125 gr di farina
1 bustina di zucchero vanigliato
1 bustina di lievito

Amalgamare e spianare la pasta.
Formare dei biscotti e cuocere per 10 minuti
a 200° (forno preriscaldato).

Tortelli
di San Giuseppe

700 gr di farina bianca
200 gr di zucchero
50 gr di burro
4 uova
1 bustina di zucchero vanigliato
1 bustina di lievito
scorza di 1 limone
½ bicchierino di Marsala

**Mischiare gli ingredienti e formare un impasto liscio e compatto.
Lasciar riposare un'ora nel frigorifero. Spianare la pasta,
tagliare delle striscioline di ca. 6 cm per 2 cm.**

2 scatole di grasso di cocco

**Dorare nel grasso di cocco.
Sgocciolare e lasciare raffreddare.**

zucchero a velo

Spolverare.

Amaretti

3 albumi
500 gr di zucchero

Montare a neve.

400 gr di mandorle macinate

**Aggiungere delicatamente.
Formare delle palline grandi come una noce,
disporle su una placca da forno e cuocere
per 20 minuti a 180°.**

Oss da mort

200 gr zucchero
200 gr di farina
100 gr di mandorle macinate
50 gr di nocciole macinate
50 gr di mandorle sbucciate intere
scorza di 1 limone
1 goccio di grappa nostrana
1 C vino bianco

Mescolare.

2 albumi

**Montare a neve e aggiungere mescolando delicatamente.
Lasciare riposare l'impasto per 15 minuti e formare
dei biscotti di forma ovale e piatta.
Cuocere per 30 minuti a 180° (forno preriscaldato).**

Caramelle gommose all'albicocca

10 gr fogli di gelatina

Mettere i fogli di gelatina a bagno nell'acqua fredda per ammorbidirli.

2 C di succo di limone
200 gr di zucchero
polpa di 6 albicocche mature

Cuocere il tutto a fuoco basso e quando lo zucchero sarà sciolto, unire la gelatina ben strizzata e mescolare bene.

Conservazione

Versare in forme del ghiaccio o in una terrina e metterle in frigo per almeno 2 ore, poi rotolare le caramelle gommose nello zucchero. Conservare in un barattolo a chiusura ermetica o in una scatola di latta.

Croccante

200 gr di mandorle
Tostare.

60 gr di zucchero
**Sciogliere, versare le mandorle e cuocere a fuoco lento
fino ad ottenere un color cannella.**

1 limone ben pulito
**Versare la massa poco alla volta in una pirofila unta
e schiacciate contro le pareti, servendovi di un limone.
Sformate il croccante freddo e se vi riesce difficile
toglierlo immergete lo stampo per 1 minuto
in acqua bollente.**

Annotazioni

Confetture

◇◇

Confettura di lamponi
◇◇◇◇◇◇◇◇◇◇◇◇◇◇◇◇◇◇◇◇◇◇

1 kg di lamponi
800 gr di zucchero

**Mettere i lamponi in una terrina e mescolare con lo zucchero.
Lasciar riposare per 6 ore.**

2 grosse mele

**Tagliare a piccoli pezzi, unire ai lamponi
e cuocere per 1 ora a fuoco basso.
Invasare a caldo e conservare in vasi di vetro sterilizzati
in un luogo buio e fresco.**

Confettura
di mele cotogne

Se avete una pianta di mele cotogne, raccogliete i frutti quando sono ancora verdi e lasciateli maturare in un ambiente temperato fino a quando non diventeranno gialli e profumati. Questo è il momento giusto per preparare una gustosa confettura di mele cotogne!

1 kg di mele cotogne

Pulire bene le mele, lavandole accuratamente e senza sbucciarle, tagliarle in 4 parti, privarle del torsolo e tagliare in piccoli cubetti.

succo di 1/2 limone

Mano a mano che fate i cubetti immergeteli in acqua fredda con succo di mezzo limone per non farli annerire.

4 dl d'acqua

Mettere in una pentola, aggiungere le mele e cuocere fino che non si saranno ammorbidite e spappolate. Passare nel passaverdura.

500 gr di zucchero o 300 gr di miele
zucchero vanigliato

Aggiungere alla polpa ottenuta e cuocere a fuoco moderato per 45 minuti.

1 limone

Aggiungere il succo e cuocere nuovamente per 10 minuti. Invasare a caldo e conservare in vasi di vetro sterilizzati in un luogo buio e fresco.

Confettura di cachi al Grand Marnier

1 kg di cachi

Togliere il picciolo, lavarli, spezzettarli grossolanamente e metterli in una pentola d'acciaio.

1 mela

Sbucciare, tagliare a pezzetti e aggiungere.

1 limone

**Aggiungere il succo e la scorza grattugiata e cuocere a fuoco moderato per 5 minuti.
Passare il composto con il passaverdura per togliere i filamenti.**

1 bustina di zucchero vanigliato
600 gr di zucchero

Aggiungere e cuocere nuovamente per 45 minuti.

1 dl di Grand Marnier

**Raggiunta la giusta consistenza, aggiungere il Grand Marnier e invasare la confettura.
Invasare a caldo e conservare in vasi di vetro sterilizzati in un luogo buio e fresco.**

Confettura Merlot

1 kg d'uva Merlot
1 bicchiere di vino bianco

**Staccare gli acini dai raspi, lavarli sotto il getto d'acqua corrente, farli sgocciolare e metterli in una pentola insieme al vino bianco.
Cuocere per 10 minuti fino a quando gli acini si saranno in parte spappolati.**

300 gr di zucchero

**Setacciare il composto, rimetterlo nella pentola con lo zucchero e mescolare.
Schiumare spesso per levare i semi rimasti che verranno a galla.
Far cuocere per 1 ora a fuoco moderato.
Invasare a caldo e conservare in vasi di vetro sterilizzati in un luogo buio e fresco.**

Marmellata di mandarini e cioccolata

1 kg di mandarini

Sbucciare e togliere i filamenti ai mandarini e metterli in una pentola.

800 gr di zucchero

Aggiungere e cuocere per 30 minuti.

1 mandarino

Tagliare la scorza a liste sottili, unire e cuocere ancora per 30 minuti e invasare.

50/100 gr di cioccolato fondente

Prima di chiudere il vasetto, inserire un pezzetto di cioccolato fondente.
Invasare a caldo e conservare in vasi di vetro sterilizzati in un luogo buio e fresco.

Miele di tarassaco

2 manciate di fiori di tarassaco
4 dl d'acqua

Bollire per 10 minuti e filtrare.

2 kg e 400 gr di zucchero
succo di 4 arance
succo di 1 limone

Cuocere a fuoco medio, fino ad ottenere la densità del miele.
Invasare a caldo e conservare in vasi di vetro sterilizzati in un luogo buio e fresco.

Gelatina d'uva Americana

1l di succo d'uva

750 gr di zucchero

Cuocere l'uva per 15 minuti senz'acqua.

Metterla su una tela di lino per far colare tutto il succo.

Il giorno dopo si pesa il succo, vi si aggiunge lo zucchero e lo si fa bollire finché si sarà formata la gelatina.

Invasare a caldo e conservare in vasi di vetro sterilizzati in un luogo buio e fresco.

Annotazioni

Bevande

Gazösa

5 l d'acqua
600 gr di zucchero

Portare ad ebollizione e sciogliere.

15 piccole foglie di erba salvia
15 piccole foglie di erba limoncina
(oppure foglie di tiglio)
6 piccoli limoni di Sicilia
(tre qualità diverse)

Unire le erbe, il succo e la scorza dei limoni.
Cuocere 30 minuti a fuoco moderato e lasciar raffreddare.

2,5 dl d'acqua fredda
2 dl di birra chiara

Aggiungere, mescolare bene e filtrare.

Conservazione

Mettere in bottiglie della gazösa (quelle con la macchinetta),
restando sotto di due dita dal collo della bottiglia.
Lasciare al sole per 10 giorni, senza muoverle.
Per ottenere la gazösa in tempi più brevi, si può aggiungere
10 gr di cremor tartaro prima d'imbottigliare.
In estate, per ottenere la gazösa rosa, si possono aggiungere
5 o 6 fiorellini di iperico in ogni bottiglia.

Birra casalinga

500 gr d'orzo
___
Tostare fino a quando si gonfia (dalla colorazione dell'orzo deriva poi la colorazione della birra e il gusto personale).

60 gr di fiori di luppolo
___
Mettere con l'orzo in un sacchetto di tela.

15 l d'acqua
___
Bollire il sacchetto di tela per un'ora.

300 gr di zucchero
___
Levare il sacchetto dall'acqua, aggiungere lo zucchero, bollire nuovamente per 3 minuti e lasciare raffreddare.

1 noce di lievito di birra
___
Sciogliere in poca birra tiepida, mescolare bene, filtrare e versare in bottigliette a chiusura ermetica. La birra è pronta dopo circa 10 giorni.

Sciroppo di cipolle

Questo sciroppo è un ottimo rimedio per la tosse, il raffreddore e il mal di gola.

1 kg di cipolle
___
Pulire e tagliare a pezzetti.

200 gr di miele
750 gr di zucchero candito
2 l d'acqua
___
Aggiungere, cuocere per 3 ore e quando il composto sarà freddo, filtrare e imbottigliare.

Liquore di lamponi

1 kg di lamponi
7 dl d'alcol alimentare 95°

**Schiacciare e lasciare macerare per 2 mesi nell'alcol
in un recipiente a chiusura ermetica e poi filtrare.**

400 gr di zucchero
2 dl d'acqua

**Bollire per 10 minuti. Raffreddare e mescolare
al macerato di lamponi. Riposare per 1 ora,
filtrare nuovamente e imbottigliare.**

Liquore alle pere Williams

200 gr di pere Williams mature
2 dl d'alcol alimentare 95°

**Mettere le pere tagliate a fette in un barattolo a chiusura
ermetica con l'alcol, lasciare macerare per 15 giorni e filtrare.**

2,5 dl d'acqua
150 gr di zucchero
1 bustina di zucchero vanigliato

**Sciogliere nell'acqua a fuoco medio lo zucchero,
lo zucchero vanigliato e, una volta raffreddato, aggiungere
al macerato filtrato. Far riposare nuovamente per 15 giorni,
filtrare una seconda volta e imbottigliare.**

Sciroppo di lamponi

300 gr di lamponi

Schiacciare.

300 gr di zucchero
succo di 1 limone

**Aggiungere e cuocere a fuoco basso per 10 minuti,
fino ad ottenere un sciroppo.
Filtrare e mettere in bottiglie.**

Conservazione

**Si conserva per diversi mesi in un luogo fresco e scuro:
si può congelare senza che si perda il sapore e la vitamina C.**

Sciroppo
di rosa canina

Questa ricetta è stata diffusa dal ministero dell'agricoltura inglese durante la seconda guerra mondiale.

800 gr di frutti di rosa canina
1 ritaglio di stoffa di cotone
600 gr di zucchero
piccoli barattoli
acqua

Mettere i frutti di rosa canina nel frullatore
(un tempo si usava il passaverdura) fino a ridurli in poltiglia.
Aggiungerli poi all'acqua bollente e portare il tutto ad ebollizione.
A questo punto togliere dal fuoco e lasciare riposare
per circa 15 minuti.
Filtrare con il cotone e mettere quello che rimane
in una pentola con 1 litro d'acqua bollente.
Ripetere il filtraggio e recuperare il liquido ottenuto
e versarlo poi in una pentola pulita.
Fare bollire nuovamente e aggiungere lo zucchero
a quanto si ottiene, circa 1 litro di liquido.
Terminare portando ancora il tutto ad ebollizione
per altri 5 minuti.

Conservazione

Versare lo sciroppo, diventato di un bel colore rosso rubino,
nei barattoli e conservarli in un luogo buio e fresco,
oppure nel frigorifero. Una volta aperto, questo delizioso
sciroppo si conserva per circa una settimana,
sempre in frigorifero.

Cognac all'uovo

½ l di latte

400 gr di zucchero

Bollire per 10 minuti. Lasciare raffreddare e filtrare.

6 tuorli d'uovo freschi

1 bustina di zucchero vanigliato

Sbattere fino ad ottenere una crema.

**Aggiungere il latte raffreddato, molto lentamente,
sempre mescolando per ca. 10 minuti.**

1 dl di grappa nostrana

1 dl di Cognac

Unire, rimestando per ulteriori 10 minuti.

Imbottigliare passando al colino e conservare in frigorifero.

Sciroppo di granatina

Lo sciroppo di granatina industriale è composto in massima parte da succo di altri frutti come agrumi, ribes e lamponi, addizionato con aromi. Solo raramente si trova il vero succo del frutto del melograno.

Con un po' di pazienza e un grembiule per non macchiarsi, ricavare il succo dei frutti maturi con uno spremiagrumi.

I frutti devono essere molto maturi e consiglio di prendere quelli con la buccia spaccata per essere sicuri che siano dolci al punto giusto.

Filtrare il succo con una tela di lino fino ad ottenere 7 dl di liquido.

1 kg di zucchero

**Cuocere a fuoco basso per 30 minuti.
Raffreddandosi, lo sciroppo si addensa, per cui non lasciarsi ingannare dalle apparenze e non farlo bollire troppo a lungo, altrimenti al posto di uno sciroppo si otterrà una melassa.
Far raffreddare completamente e conservare in frigo ca. 2 mesi.
Per la conservazione, l'alternativa è quella di imbottigliare e sterilizzare oppure congelare le porzioni nei contenitori per fare i cubetti di ghiaccio.**

Grand Marnier alla ticinese (grappa 44)

1 arancia grande qualità tarocco

Con un ferro per lavorare la maglia fare 44 buchi nell'arancia, stando sopra ad un contenitore a chiusura ermetica (per recuperare il succo).

44 chicchi di caffè

Inserire in ogni buco un chicco e mettere nel contenitore.

1 l di grappa
44 zollette di zucchero
4 chiodi di garofano
1 stecca di vaniglia

Aggiungere e chiudere il vaso.
Lasciare macerare per 44 giorni al riparo dalla luce e a temperatura ambiente.
Giornalmente girare il contenitore per sciogliere bene lo zucchero senza aprire.
Dopo 44 giorni filtrare e imbottigliare.

Annotazioni

Aromi di bellezza e benessere

" Gli uomini potevano chiudere gli occhi davanti alla grandezza, davanti all'orrore e turarsi le orecchie davanti a melodie o a parole seducenti. Ma non potevano sottrarsi ai profumi.
Poiché il profumo è fratello del respiro. Con esso penetrava gli uomini, a esso non potevano resistere, se volevano vivere.
E il profumo scendeva in loro, direttamente al cuore e là distingueva categoricamente la simpatia dal disprezzo, il disgusto dal piacere, l'amore dall'odio.
Colui che dominava gli odori, dominava il cuore degli uomini "

PATRICK SÜSKIND

Breve storia
degli oli essenziali

Già al tempo degli antichi Egizi, le classi nobili conoscevano i poteri degli oli essenziali idonei alla creazione di differenti fragranze da usare nella cosmesi, preparavano profumi, unguenti e oli da massaggio. A seconda degli orari solevano bruciare resine e piante con essenze alternate sul bordo delle strade. Nelle funzioni sacre, nell'imbalsamazione e nelle cure di svariate malattie, impiegavano invece preziosi profumi.

Il testo medico *Ajur Veda*, usato nell'antica India, menzionava le essenze come mezzo per curare le malattie psichiche.

Nel medioevo per immunizzare il corpo dalle malattie come il colera e la peste, si preparavano potentissime pozioni composte da essenze: le stesse che i profumieri realizzavano a solo scopo estetico. Però il costo dei profumi era così elevato che il popolo doveva accontentarsi delle fumigazioni di piante aromatiche trovate qua e là.

La chimica e i farmaci sintetici sviluppatisi a seguito della rivoluzione industriale, soppiantarono nel corso del 1800 quasi completamente le preparazioni legate alle tradizioni popolari.

Il chimico cosmetologo René Maurice Gattefossé, nel 1928 fu il precursore nell'utilizzo dell'aromaterapia, sottolineando le proprietà terapeutiche e antibatteriche degli oli essenziali e la loro capacità di diffusione attraverso la pelle. Gattefossé era proprietario di una fabbrica di profumi nel centro mondiale della coltivazione e l'estrazione delle essenze a Grasse in Francia. Fu grazie all'olio essenziale di lavanda e al suo potere cicatrizzante che il chimico iniziò il suo lavoro di ricerca sulle essenze. Dopo un'ustione alla mano procuratosi lavorando nel suo laboratorio, l'olio essenziale di lavanda lo aiutò a guarire in modo rapido.

Gli studi di Gatefossé, ispirarono il dottor Jean Valnet, che nel 1964 pubblicò il libro *Aromathérapie*, diffondendo l'interesse terapeutico degli oli essenziali e dell'aromaterapia. Da allora questo termine definisce l'utilizzo sapiente delle proprietà curative a livello fisico, mentale, emozionale e spirituale degli oli essenziali puri, estratti da piante, fiori, semi, radici, …

Nello stesso periodo la biochimica austriaca Marguerite Maury, si trasferì in Francia e si occupò dei metodi di applicazione esterna delle essenze, unendo le proprietà cosmetiche a quelle terapeutiche.

Ancora oggi vengono portate avanti diverse ricerche in ambito farmacologico e microbiologico degli oli essenziali per permettere un loro utilizzo nelle malattie, nei trattamenti estetici e nella cosmesi.

I bagni, i massaggi, nella sauna e nei diffusori per ambiente, possono alleviare i piccoli disturbi attraverso il loro influsso benefico olfattivo, influenzando positivamente il sistema nervoso e la psiche.

COSA SONO GLI OLI ESSENZIALI

Gli oli essenziali, prima di essere estratti dalla pianta si chiamano essenze e consistono in una miscela di sostanze chimiche odorose, notevolmente importanti nell'impollinazione dei fiori attraendo gli insetti. Le essenze difendono le piante da microrganismi in grado di provocare malattie come funghi e batteri.

Molte piante si specializzano nella produzione di sostanze profumate, concentrate in una sola parte della pianta come nelle radici, nel legno, nella corteccia, nel muschio, nei fiori, nelle foglie, nell'epicarpo dei frutti, nei semi, negli aghi, nei rametti e nei bacelli. Un'eccezione è l'albero di arancio amaro che produce in tre parti della pianta differenti oli essenziali: dai fiori, l'olio essenziale di neroli o zagara, dalle foglie e dai rametti, l'olio essenziale di petit grain e dall'epicarpo l'olio essenziale di arancio amaro.

Infine per raccogliere le parti della pianta, bisogna conoscere tutte le fasi di vegetazione e i mutamenti nella composizione chimica di ogni olio essenziale. Il momento della raccolta si chiama «tempo balsamico» e in generale ci vogliono grandi quantità di pianta per ottenere piccole dosi di olio.

Queste essenze pur chiamandosi oli, non sono sostanze grasse, ma sono eterei e volatili al contatto con l'aria.

In conclusione l'olio essenziale è un estratto fitochimico selettivo, che rispecchia la personalità della pianta e rende il profumo, la sua voce per parlare con l'esterno.

Come per l'uomo, il profumo è comunicazione.

**"Il corpo è il traduttore dell'anima nel visibile,
il profumo è il suo invisibile ambasciatore"**
CHRISTIAN MORGENSTERN

I profumi stimolano i nostri ricordi e quando le molecole profumate vengono inspirate ed entrano in contatto con la mucosa olfattiva, incontriamo il profumo e un impulso elettrico al centro del cervello si lega ad una precedente impressione olfattiva dello stesso tipo.

L'alchimia dei profumi gioca un ruolo importante anche se inconsapevole nella vita quotidiana. Nelle relazioni, il ruolo del nostro naso ha un forte potere decisionale grazie alla funzione dei profumi nell'attirare l'attenzione di chi ci passa accanto ed a stimolare la fantasia. Giocando sempre un ruolo individuale, i profumi per qualcuno possono essere attrattivi e stuzzicanti, mentre per altri insopportabili.

"L'olfatto è un potente mago che è in grado di farci viaggiare lontano mille chilometri e lungo tutti gli anni della nostra vita"
HELEN KELLER

ALCUNI METODI DI ESTRAZIONE
Distillazione
È il metodo più usato per estrarre gli oli essenziali dalle piante. Alla fine del processo di distillazione, quando il vapore si sarà condensato, l'acqua (idrolato) e l'olio essenziale vengono raccolti e separati grazie alla diversa densità dei liquidi, tramite una bottiglia chiamata fiorentina. Per ottenere un prodotto di ottima qualità, l'ideale sarebbe distillare le erbe fresche nel luogo di raccolta.

Estrazione con solventi
Questo metodo serve per estrarre gli oli essenziali da alcuni fiori che potrebbero essere danneggiati con la distillazione. Gli estratti non si chiameranno oli essenziali, ma concrete o assolute. Il problema con questo tipo di estrazione è che potrebbero sempre esserci delle impurità nel solvente. Per quanto concerne l'uso in aromaterapia cosmetica questi minimi residui non sono di grande importanza, ma per una medicina aromatica non possono essere utilizzati.

Enfleurage
È un vecchio metodo in cui si utilizza il grasso animale di bue o maiale, per produrre pomate e profumi da fiori delicati come la violetta e il gelsomino: attraverso la distillazione i loro aromi e i composti delicati verrebbero distrutti. Si procede estendendo su dei vassoi dal fondo di vetro e bordo di legno, uno strato di grasso per poi applicarvi i petali dei fiori. Coperti con un altro vetro, i grassi vengono lasciati impregnare per 24 ore.

I petali vengono poi rimossi e sostituiti fino a quando i grassi sono completamente impregnati. Si ottiene così una pomata satura di profumo.

Sulla confezione appare un numero, che indica quanti passaggi di fiori sono stati eseguiti. Dagli anni settanta questo metodo non viene più usato e solo poche e piccole case produttrici di profumi in Francia, utilizzano l'enfleurage sostituendo i grassi animali con la glicerina vegetale, dalla quale si producono anche saponi.

Spremitura a freddo
Gli oli ottenuti dagli agrumi si chiamano essenze perché non vengono eseguiti trattamenti chimici o termici durante l'estrazione. L'essenza si trova nelle cellule superficiali dell'epicarpo dei frutti.

TRE DIVERSI TIPI DI ESTRAZIONE
Spugna
È un antico metodo consistente nel passaggio manuale dei frutti sulle spugne, che poi venivano spremute, oggi non più utilizzato per i costi eccessivi.

Eucelle
I frutti vengono fatti scorrere su una superficie ricca di punte affilate e poi pressati. Il succo è raccolto da un tubo. I frutti vengono lavorati con un sottile spruzzo d'acqua in seguito centrifugati per la separazione dell'essenza.

Macchina
Le scorze vengono separate dai frutti e pressate a freddo mentre il succo viene recuperato come per il metodo eucelle.

LA QUALITÀ DEGLI OLI ESSENZIALI
Esiste una grande confusione tra oli essenziali sintetici, oli essenziali «tagliati» e oli essenziali puri. Purtroppo molti oli vengono riprodotti in laboratorio a costi assai inferiori rispetto a quelli puri. La differenza però è di grande importanza, in quanto gli oli essenziali puri contengono tutte le proprietà della pianta, una complessa e unica combinazione di elementi, mentre quelli sintetici sono il risultato di una riproduzione di pochi componenti. Gli oli sintetici non possono in nessun modo sostituire quelli puri nell'aromaterapia per la mancanza di equilibrio e forza vitale, elementi che solo la natura ci può offrire.

Ci sono diversi modi di adulterazione degli oli essenziali, tra questi: l'aggiunta di materiali grezzi singoli, composti naturali, sintetici, oli essenziali a basso costo e tanti altri. Non è facile capire e trovare un metodo sicuro che ne attesti la qualità del prodotto, ma possiamo avvalerci di alcune informazioni importanti durante l'acquisto. Il compito del rivenditore è quello di verificare i punti seguenti:

> affidarsi a fonti sicure che abbiano un controllo di qualità certificato;
> certificazione di identità botanica;
> certificato di produzione biologica o biodinamica;
> metodo di distillazione;
> etichettatura.

Il cliente finale, oltre a poter richiedere al commerciante di visionare quanto sopra, deve stare attento che sulla confezione ci siano indicati:

> nome in latino della pianta;
> nome comune;
> puro 100% (ad esempio per le assolute può essere indicato 96% perché estratto con solventi);
> metodo di estrazione;
> metodo di coltivazione;
> parte utilizzata della pianta;
> paese di provenienza;
> indicazioni di sicurezza;
> numero del lotto;
> anno di produzione;
> data di scadenza.

Inoltre bisogna essere informati delle importanti avvertenze:

> tenere lontano dalla portata dei bambini, se ingerito chiamare un medico, diluire sempre prima dell'utilizzo, solo per uso esterno;
> i flaconi devono avere il contagocce integrato al collo e non un semplice tappo o una pipetta.

Conservazione

Gli oli essenziali sono molto più deperibili di altri estratti vegetali ed è dunque importante badare ad un'ottima conservazione. Bisogna tenere sotto controllo l'invecchiamento, l'ossigeno e la luce.

Devono essere venduti e conservati in bottigliette dal vetro scuro con chiusura di sicurezza. Sono infiammabili e vanno tenuti lontano dalla luce, da fonti di calore e lontano dalla portata dei bambini.

La luce e il calore accelerano il processo di degradazione ossidativa, cambiando la composizione, si potrebbe perdere l'efficacia dell'attività dell'olio essenziale. Però la cosa più importante è che potrebbero diventare pericolosi formando tra l'altro radicali liberi, idroperossidi, ... riscontrando così problemi di sensibilizzazione.

Gli oli essenziali sensibili come quelli ricavati dalle rutacee (citrus), dalla *mentha piperita* e da tutte le assolute, vanno conservati in frigorifero.

COME SI UTILIZZANO GLI OLI ESSENZIALI

Gli oli essenziali vengono generalmente utilizzati nella creazione di profumi, per il corpo, per ambiente, nell'acqua della vasca da bagno o nei massaggi. Si consiglia di chiedere un parere medico per altri utilizzi.

La regola fondamentale è quella che gli oli devono sempre essere diluiti per la somministrazione esterna ed interna (solo su prescrizione medica).

I possibili ingredienti per la diluzione sono: oli base (vegetali) per massaggio, burro di karité, sale marino, sale del mar morto, miele, uovo, latte intero, panna, yogurt, argilla, crusca, aceto, alcol, bagnoschiuma, saponi liquidi e shampoo naturali.

Gli oli essenziali possono essere usati singolarmente o miscelati tra loro. L'ideale sarebbe creare una miscela armoniosa tenendo in considerazione la divisione delle famiglie degli oli essenziali.

«Le tre note»:
› **TESTA 60%**
› **CUORE 10%**
› **BASE 30%**

Le tre note si basano sul tempo necessario dell'evaporazione di un aroma.

NOTA DI TESTA

Gli oli che evaporano immediatamente e che sono i primi ad essere percepiti costituiscono la nota alta, chiamata anche di testa e derivano dall'estrazione dai frutti. Sono oli dinamici, attivi, stimolanti, dalle vibrazioni alte e fresche e sono estremamente volatili.

NOTA DI CUORE

Gli oli che richiedono un tempo più lungo di evaporazione appartengono alla nota di centro o di cuore, sono estratti dai fiori e dalle foglie e sono fragranze tipicamente femminili. Armonizzanti, intensi e sensuali, toccano il cuore, ridando equilibrio quando l'anima soffre.

NOTA DI BASE

Quelli invece che perdurano più a lungo, sono gli oli essenziali con nota bassa o di base, estratti da radici, cortecce, semi, sono oli maschili, che aiutano il nostro stato psichico. Sono balsamici, pesanti, stabilizzanti e calmanti.

"La felicità non è altro che il profumo del nostro animo"

GABRIELLE COCO CHANEL

Dosaggi

La quantità di olio essenziale può variare a seconda delle caratteristiche, come le dimensioni delle gocce dipendono dalla marca acquistata. La cosa più importante è sempre di controllare la tossicità del prodotto e iniziare con piccole dosi. 1 ml di olio essenziale corrisponde a circa 20-30 gocce.

Ambiente

Alcune gocce su un fazzoletto, alcune gocce nel diffusore
per ambiente ad acqua e candela o spray per ambiente.

Doccia schiuma e shampoo

In 200 ml di base, unire 1-2 ml di olio essenziale.

Sali da bagno

In 1 kg di sale, unire 2-4 ml di olio essenziale.

Bagno

Stare tra le 8 e le 12 gocce, mai puri nell'acqua,
ma sempre diluiti nel bagnoschiuma neutro, nel latte,
nella panna, nel miele, nel sale, …

Olio per massaggio

In 100 ml di olio base, unire 1 ml di olio essenziale.

Bambini

Si consiglia l'utilizzo non prima dei due anni. Dai 12 kg di peso si può mettere una goccia di olio essenziale in 50 ml di olio base e non superare le 3 gocce nell'arco di 24 ore.

Dai 25 kg si possono aggiungere 2 gocce, dai 38 kg ai 50 kg fino a 4 gocce e dai 50 kg 8 gocce. A partire da 10 anni si potrebbe usare le dosi come per gli adulti, ma si consiglia comunque di chiedere sempre il parere di un medico quando si vuole fare un trattamento a un bambino, anche se si tratta di un semplice massaggio!

PRECAUZIONI NELL'UTILIZZO DEGLI OLI ESSENZIALI
Linee guida di sicurezza

Si tenga presente che gli oli essenziali sono centinaia; qui di seguito ne vengono elencati solo una parte! Gli oli essenziali sono estratti vegetali molto potenti e molto concentrati. Possono causare effetti indesiderati se usati in modo concentrato e scorretto.

> ❯ non applicare gli oli essenziali puri sulla pelle,
> devono sempre essere diluiti;
> ❯ non versare gli oli essenziali direttamente nell'acqua,
> in quanto non sono idrosolubili, potrebbero creare forti irritazioni;
> sempre diluire gli oli essenziali con oli base o eccipienti adeguati;
> ❯ tenere lontano dalla portata dei bambini;
> non acquistare se non sono conservati con contagocce
> integrato al collo o chiusura ermetica di sicurezza.
> I flaconi devono avere il contagocce integrato al collo
> e non un tappo o una pipetta.

Per i bambini va evitato l'uso degli oli essenziali come:
> ❯ eucalipto, canfora e menta.

Durante un trattamento omeopatico, sono controindicati:
> ❯ camomilla, canfora e menta.

In presenza d'ipertensione evitare:
> ❯ issopo, rosmarino, salvia sclarea e timo.

In caso di tendenza epilettica evitare:
> ❯ canfora, cedro, finocchio, issopo, noce moscata,
> rosmarino e salvia.

Si conosce molto poco sull'azione degli oli essenziali nella donna incinta e di conseguenza sul feto per poterne consigliare l'utilizzo in gravidanza: meglio evitare soprattutto nei primi tre mesi e in gravidanze a rischio. Si potrebbero causare danni al feto, aborti, parti prematuri.

> non usare per via orale (solo su prescrizione medica);
> non usare un olio per insaporire gli alimenti senza una guida esperta;
> fare attenzione nella scelta quando si soffre di dermatiti, eczemi, pelle fragile, reazioni cutanee, allergie, ...

Non applicare puri sulla pelle tranne alcune eccezioni:
> lavanda, rosa, melissa, albero del tè (da usare comunque a gocce);
> non applicare sotto le ascelle;
> non applicare sulle mucose (occhi, bocca, vagina e retto);
> non esporsi al sole se sono stati utilizzati oli essenziali fotosensibili; attendere almeno 12 ore; (angelica radice, arancio amaro, bergamotto, carvi, cumino, lime, limone, petitgrain di mandarino, pompelmo, verbena odorosa);
> è sconsigliato eseguire trattamenti di aromaterapia prima di fare sport aerobico, sauna, bagno turco o solarium per evitare che l'umidità aumenti l'assorbimento;
> tutte le essenze di agrumi sono controindicate per chi soffre di melanoma, lentiggini scure estese e su ogni tipo di tumore della pelle.

Molti oli potrebbero risultare tossici e, se ingeriti, pericolosi. Qui di seguito vengono indicati alcuni oli sui quali esistono più informazioni, non si escludono necessariamente i più pericolosi:
> canfora;
> cannella;
> citronella;
> chiodi di garofano;
> eucalipto;
> issopo;
> noce moscata;
> prezzemolo;
> salvia;
> thuja; ...
Chiedere sempre un parere medico.
Gli oli essenziali possono interferire con i farmaci.

Oli essenziali

Abete bianco
Abies alba mill – Pinacee

Paese d'origine
Europa.

Parti usate
Aghi e ramoscelli freschi.

Metodo di estrazione
Distillazione in corrente di vapore.

Profilo aromatico
Fresco, chiaro, secco, resinoso, boschivo, fruttato e lavandato.

Nota
TESTA

Caratteristiche
Balsamico, energetico e purificante.

Proprietà
Antisettiche, antireumatiche, febbrifughe, toniche, antispasmodiche ed espettoranti.

Curiosità
Usato in profumeria nella creazione di bagni schiuma e profumi maschili o in farmacopea nella preparazione di medicinali per inalazione.

Avvertenze
Può irritare la pelle e si sconsiglia l'uso orale.

Albero del tè - tea tree
Melaleuca alterni foglia – Mirtacee

Paese d'origine
Australia.

Parti usate
Foglie.

Metodo di estrazione
Distillazione in corrente di vapore e idrodistillazione.

Profilo aromatico
Speziato, pepato, canforato, medicinale, erbaceo e forte.

Nota
TESTA / CUORE

Caratteristiche
Rinfrescante e purificante.

Proprietà
Antibiotiche, antimicrobiche, battericide, espettoranti, fungicide, insetticide, stimolanti, sudorifere, antisettiche, antinfiammatorie, antivirali, cicatrizzanti, immunostimolanti, toniche ed espettoranti.

Cura della pelle
Grassa, impura, herpes e micosi delle unghie.

Cura dei capelli
Forfora.

Curiosità
Non ha niente in comune con l'arbusto dalle cui foglie si ricava il tè. La riscoperta dell'utilizzo di quest'olio essenziale in epoca moderna, risale alla seconda guerra mondiale quando fu dato in dotazione agli eserciti per la pulizia di abrasioni e ferite superficiali.

Avvertenze
Non utilizzare in forma pura sulle mucose. In alcuni casi può provocare reazioni locali di sensibilizzazione, si consiglia dunque una diluizione del 1%. Evitare l'uso orale e non utilizzare oltre 3 anni dalla produzione.

Alloro

Laurus nobilis – Lauracee

Paese d'origine
Mediterraneo.

Parti usate
Foglie.

Metodo di estrazione
Distillazione in corrente di vapore.

Profilo aromatico
Speziato.

Nota
CUORE

Caratteristiche
Stimolante e facilita la concentrazione.

Proprietà
Antisettiche, antispasmodiche, espettoranti, sudorifere, antireumatiche, digestive, riequilibranti del sistema nervoso e insetto repellenti.

Cura della pelle
Grassa e acne.

Cura dei capelli
Caduta.

Curiosità
L'alloro fa parte dei generi più famosi e importanti per la produzione di oli essenziali.

Avvertenze
Non usare in gravidanza, non usare per via orale, inoltre può essere allergizzante.

Angelica

Angelica arcangelica – Ombrellifere

Paese d'origine
Europa.

Parti usate
Semi e radici.

Metodo di estrazione
Distillazione in corrente di vapore.

Profilo aromatico
Erbaceo e amaro.

Nota
CUORE

Caratteristiche
Equilibrante e ricostituente.

Proprietà
Digestive, carminative, toniche, diuretiche, emmenagoghe, antisettiche, espettoranti, sudorifere e depurative.

Curiosità
Ingrediente tradizionale nella preparazione di liquori.

Avvertenze
Non usare in gravidanza, su persone diabetiche, per via orale e non esporsi al sole dopo l'applicazione sulla pelle in quanto è fotosensibile.

Arancio amaro
Citrus aurantium – Rutacee

Paese d'origine
Mediterraneo, Cina e Stati Uniti.

Parti usate
Bucce.

Metodo di estrazione
Pressione a freddo delle bucce.

Profilo aromatico
Dolce, fruttato e fresco.

Nota
TESTA

Caratteristiche
Anti stress ed equilibrante.

Proprietà
Antinfiammatorie, astringenti, battericide, stomachiche, sedative, calmanti, antidepressive, digestive, diuretiche, stimolanti, antisettiche, toniche e antispasmodiche.

Cura della pelle
Grassa, rugosa e cellulitica.

Cura dei capelli
Secchi, tinti e senza tono.

Curiosità
Olio essenziale di arancio ha mostrato attività parasimpatomimetica e simpaticolitica.

Avvertenze
Fotosensibile e può irritare la pelle.

Arancio dolce
Citrus sinesi L. – Rutacee

Paese d'origine
Estremo Oriente, Mediterraneo, Stati Uniti e Brasile.

Parti usate
Bucce.

Metodo di estrazione
Pressione a freddo delle bucce.

Profilo aromatico
Dolce, fruttato e caldo.

Nota
TESTA

Caratteristiche
Equilibrante e stimolante.

Proprietà
Leggermente antidepressive, digestive, diuretiche, stimolanti,
leggermente antisettiche e toniche della circolazione.

Cura della pelle
Grassa, rugosa e cellulitica.

Cura dei capelli
Secchi, tinti e senza tono.

Curiosità
Utilizzato da centinaia d'anni come aromatizzante
degli alimenti e delle bevande, in farmacopea, nella cosmetica
e nella creazione di profumi.

Avvertenze
Evitare il contatto cutaneo nel caso in cui l'olio essenziale
è stato prodotto da più di sei mesi. I soggetti che soffrono di
reazione allergica da cosmesi a base di frutti citrici, dovrebbero
evitare l'utilizzo di questo olio essenziale. Secondo Urbach
e Forbes (1972) e Opdyke (1974), questo olio essenziale
non è fotosensibile.

Basilico
Ocimum basilicum – Labiate

Paese d'origine
Asia, Africa, Mediterraneo e Australia.

Parti usate
Foglie e cime fiorite.

Metodo di estrazione
Distillazione in corrente di vapore.

Profilo aromatico
Dolce, fresco, erbaceo e canforato.

Nota
TESTA / CUORE

Caratteristiche
Stimolante e antistress.

Proprietà
Analgesiche, antidepressive, antisettiche, cefaliche, digestive, emmenagoghe, espettoranti, febbrifughe, nervine, antispasmodiche, antibatteriche, antimicotiche, antielmintiche, carminative e insetticide.

Cura della pelle
Grassa, rugosa e cellulitica.

Curiosità
Utilizzato dall'antichità come fragranza alimentare.

Avvertenze
Non usare in gravidanza e in caso di epilessia.
Può irritare le pelli sensibili.

Bergamotto
Citrus bergamia – Rutacee

Paese d'origine
Asia Tropicale e Italia Meridionale.

Parti usate
Bucce ancora verdi.

Metodo di estrazione
Pressione a freddo delle bucce.

Profilo aromatico
Fresco, fruttato, leggero, dolce con tracce di balsamico.

Nota
TESTA

Caratteristiche
Rinfrescante e antidepressivo.

Proprietà
Antispasmodiche, cicatrizzanti, febbrifughe, antivirali, carminative, antisettiche, antispastiche, antibatteriche, antimicotiche, antidepressive, antiossidanti e utili al sistema gastrointestinale.

Cura della pelle
Acne e seborrea.

Curiosità
È diventato famoso per essere l'ingrediente indispensabile della famosa «Acqua Mirabilis» diventata poi «Acqua di Colonia 4711»; inoltre è parte integrante del tipico aroma del tè «Earl Grey».
Il nome bergamotto deriva dalla città di Bergamo dove l'olio essenziale fu prodotto o venduto per la prima volta.

Avvertenze
Fototossico, fotosensibile e fotocarcinogeno.
Inoltre può irritare le pelli sensibili.

Camomilla romana

Anthemis nobilis – Asteracee

Paese d'origine
Europa Sud-Occidentale, Bretagna, Francia, Belgio, Ungheria e Stati Uniti.

Parti usate
Capolini.

Metodo di estrazione
Distillazione in corrente di vapore.

Profilo aromatico
Floreale, fruttato, fresco con leggera nota di fieno.

Nota
TESTA / CUORE

Caratteristiche
Calmante.

Proprietà
Antispasmodiche, analgesiche, antianemiche, calmanti, antinfiammatorie, digestive, carminative, antimicrobiche, emmenagoghe, epatiche, stomachiche, toniche, antinevralgiche, cicatrizzanti, febbrifughe, sudorifere, vermifughe e sedative.

Cura della pelle
Acne e eczemi.

Cura dei capelli
Schiarente per capelli.

Curiosità
Usata in profumeria per fragranze maschili e femminili.

Avvertenze
Su alcuni soggetti può causare dermatite, inoltre durante il periodo dell'allattamento è meglio evitarne l'utilizzo per non sensibilizzare il bambino.

Cannella corteccia
Cinnamomum verum – Lauracee

Paese d'origine
Sri Lanka, dalle foreste vicino all'oceano Indiano,
India e Giamaica.

Parti usate
Corteccia.

Metodo di estrazione
Distillazione in corrente di vapore.

Profilo aromatico
Speziato, caldo, dolce ed erbaceo.

Nota
BASE

Caratteristiche
Riscaldante, rinforzante e stimolante.

Proprietà
Carminative, antidiarroiche, digestive, antiparassitarie,
antiossidanti e stimolanti della circolazione.

Cura della pelle
Cellulitica.

Curiosità
Considerato un olio essenziale afrodisiaco e un inibitore
dello sviluppo della malattia di Alzheimer.
Valido acaricida e larvicida.

Avvertenze
Molto irritante per la pelle e le mucose, va dunque utilizzato
molto diluito. Non usare in gravidanza e sui bambini.

Cipresso
Cupressus sempervirens – Cupressacee

Paese d'origine
Mediterraneo, Nord Africa e Bretagna.

Parti usate
Rametti e pigne.

Metodo di estrazione
Distillazione in corrente di vapore.

Profilo aromatico
Resinoso, aspro e legnoso.

Nota
TESTA

Caratteristiche
Rinforzante, schiarente e stimolante.

Proprietà
Astringenti, diuretiche, antispasmodiche, cicatrizzanti,
sudorifere, antireumatiche, antitussigene, flebo toniche,
decongestionanti, emostatiche, toniche, equilibranti
e insetto repellenti.

Cura della pelle
Grassa, acne e seborrea.

Curiosità
Utilizzato in profumeria nella creazione di fragranze maschili.

Avvertenze
Non usare in caso di epilessia e mastopatia.

Eucalipto
Eucalyptus globulus – Mirtacee

Paese d'origine
Australia, Tasmania, Spagna, Portogallo, Brasile,
Russia e Stati Uniti.

Parti usate
Foglie fresche o secche.

Metodo di estrazione
Distillazione in corrente di vapore.

Profilo aromatico
Forte, fresco e canforato.

Nota
TESTA

Caratteristiche
Stimolante, rinfrescante e rinforzante.

Proprietà
Anticatarrali, antibatteriche, carminative, disintossicanti,
espettoranti, mucolitiche, antisettiche, analgesiche,
antispasmodiche, antireumatiche, antinfiammatorio,
febbrifughe, cicatrizzanti, deodoranti, diuretiche,
antiparassitarie e insettifughe.

Curiosità
Usato per prodotti da bagno come per esempio doccia gel,
bagnoschiuma e profumazioni per ambienti.

Avvertenze
Fotosensibile. Tossico per via interna.
Potenzialmente tossico se inalato, dunque non usare
in caso di asma. Controindicato in gravidanza e sui bambini
perché possono precipitare in crisi respiratorie e spasmi
dell'epiglottide. Burrow et Al. (1983).

Finocchio
Foeniculum vulgare dulce – Ombrellifere

Paese d'origine
Sud Europa, India, Argentina, Cina e Pakistan.

Parti usate
Semi.

Metodo di estrazione
Distillazione in corrente di vapore.

Profilo aromatico
Dolce, leggermente canforato, ricorda un po' l'anice.

Nota
TESTA / CUORE

Caratteristiche
Rilassante, calmante ed equilibrante.

Proprietà
Antisettiche, antinfiammatorie, depurative, disintossicanti, emmenagoghe, galattagoghe, toniche, vermifughe, digestive, carminative, antispasmodiche, diuretiche, espettoranti e stimolanti.

Cura della pelle
Cellulitica e atonica.

Curiosità
Utilizzato sotto forma di estratto dei semi per la produzione di un'acqua indicata contro le coliche nei bambini.

Avvertenze
Molto irritante per la pelle, va dunque utilizzato molto diluito. Non usare in gravidanza, sui bambini e in caso di epilessia.

Garofano chiodi

Eugenia caryophyllata – Mirtacee

Paese d'origine
Molucche, Madagascar, Indonesia, Zanzibar, Antille, Mauritius, Seychelles e Pemba.

Parti usate
Boccioli floreali essiccati.

Metodo di estrazione
Distillazione in corrente di vapore.

Profilo aromatico
Speziato, caldo, forte e piccante.

Nota
CUORE

Caratteristiche
Riscaldante, purificante e stimolante.

Proprietà
Antisettiche, antiparassitarie, stimolanti, anestetiche, analgesiche, antispasmodiche, espettoranti, toniche, carminative, digestive, cicatrizzanti, antireumatiche, antinevralgiche, afrodisiache e insetto repellenti.

Cura della pelle
Acne.

Curiosità
Utilizzato ancora nel campo farmaceutico per la creazione di colluttori e prodotti dentistici.

Avvertenze
Molto irritante per la pelle e le mucose, va dunque utilizzato molto diluito. Non usare in gravidanza e sui bambini.

Gelsomino sambac

Jasminum sambac – Oleacee

Paese d'origine
Cina, India e Mediterraneo.

Parti usate
Fiori.

Metodo di estrazione
Distillazione in corrente di vapore, idrodistillazione, enflorage o solventi (per quest'ultimo darà assoluta di gelsomino e non olio essenziale).

Profilo aromatico
Intenso, caldo, esotico, floreale, pesante e sensuale.

Nota
CUORE

Caratteristiche
Stimolante, euforizzante, calmante ed erotizzante.

Proprietà
Antidepressive, rilassanti, sedative, galattagoghe, lattogeniche, afrodisiache, toniche, eudermiche, antisettiche, emmenagoghe e antispasmodiche.

Cura delle pelle
Infiammata, secca, sensibile, matura, dermatiti, rossori e prurito.

Curiosità
L'assoluta di gelsomino è uno degli ingredienti floreali più importanti nella profumeria. Gli accordi di rosa e gelsomino formano le basi di grandi creazioni come il famoso Chanel n. 5. I fiori di gelsomino sambac vengono anche usati per aromatizzare il tè.

Avvertenze
Può irritare la pelle su persone allergiche o ipersensibili a profumi, cosmetici o cibi speziati e per questo motivo va dunque utilizzato molto diluito. Controindicato in gravidanza. Non assumere per via interna l'assoluta di gelsomino (estrazione con solventi).

Ginepro bacche
Juniperus communis – Cupressacee

Paese d'origine
Emisfero Settentrionale e Mediterraneo.

Parti usate
Bacche.

Metodo di estrazione
Distillazione in corrente di vapore.

Profilo aromatico
Forte, energico, erbaceo, resinoso e fruttato.

Nota
TESTA

Caratteristiche
Purificante, rinforzante e stimolante.

Proprietà
Spasmolitiche, antifungine, antitossiche, astringenti, carminative, emmenagoghe, nervine, stomachiche, toniche, antireumatiche, antiartritiche, diuretiche, antisettiche, espettoranti, toniche, stimolanti, cicatrizzanti, sudorifere, digestive, astringenti, drenanti e antiparassitarie.

Cura della pelle
Grassa, acneica e cellulitica.

Cura dei capelli
Caduta.

Curiosità
I rami vengono ancora oggi arsi per disinfettare gli ambienti.

Avvertenze
Non usare in gravidanza.

Issopo

Hyssopus officinalis – Labiate

Paese d'origine
Mediterraneo e Asia Centrale.

Parti usate
Fiori.

Metodo di estrazione
Distillazione in corrente di vapore.

Profilo aromatico
Speziato, fresco e dolce.

Nota
CUORE

Caratteristiche
Stimolante e purificante.

Proprietà
Tonificanti, stimolanti, decongestionanti, carminative, diuretiche, digestive, astringenti, antispasmodiche, depurative.

Cura della pelle
Acneica e cellulitica.

Cura dei capelli
Caduta.

Curiosità
È una pianta prediletta dalle api e l'olio viene utilizzato anche in profumeria.

Avvertenze
Non usare in gravidanza, convulsioni e in caso di epilessia.

Lavanda vera
Lavandula angustifoglia – Labiate

Paese d'origine
Mediterraneo, Inghilterra, Est Europa, Tasmania e Australia.

Parti usate
Cime fiorite.

Metodo di estrazione
Distillazione in corrente di vapore.

Profilo aromatico
Fresco e floreale.

Nota
CUORE

Caratteristiche
Equilibrante e stimolante.

Proprietà
Antinfiammatorie, antimicrobiche, antibatteriche, antivirali, sedative, decongestionanti, carminative, antispasmodiche, analgesiche, pesticide, antidepressive, antisettiche, antireumatiche, cicatrizzanti, riequilibranti, rilassanti, ipotensive, sudorifere, diuretiche, stimolanti biliari e insettifughe.

Cura della pelle
Acne, vesciche, dermatite, eczema, eruzioni cutanee, pidocchi, geloni, tenia e ustioni solari.

Cura dei capelli
Riequilibrante.

Curiosità
Svolge un ruolo importante in profumeria nei saponi e acque di colonia maschile.

Avvertenze
Usare piccole quantità per produrre effetti rilassanti.

Lavanda lavandino
Lavandula hybrida – Labiate

Paese d'origine
Mediterraneo.

Parti usate
Cime fiorite fresche.

Metodo di estrazione
Distillazione in corrente di vapore.

Profilo aromatico
Fresco, canforato, pungente ed erbaceo.

Nota
CUORE

Caratteristiche
Equilibrante e rinfrescante.

Proprietà
Antisettico, battericida e insettifugo.

Curiosità
Impiegato nella preparazione di prodotti detergenti e profumi di media qualità. Non può essere usato per le preparazioni medicinali, ma è ottimo per profumare l'ambiente, la biancheria e i prodotti per l'igiene.

Lemongrass
Cymbopogon flexuosus – Graminee

Paese d'origine
Asia e Africa.

Parti usate
Foglie fresche o parzialmente essiccate.

Metodo di estrazione
Distillazione in corrente di vapore.

Profilo aromatico
Limone e fresco.

Nota
TESTA

Caratteristiche
Rinfrescante, stimolante e tonificante.

Proprietà
Antisettiche, toniche, antispasmodiche, antibatteriche, antimicotiche, insettifughe e antiparassitarie.

Cura della pelle
Cellulitica, rilassamento cutaneo, traspirazione eccessiva e contro i parassiti.

Curiosità
Uno dei prodotti al mondo più utilizzato in saponi, articoli da toilette e profumi.

Avvertenze
Può causare irritazione o sensibilizzazione; è dunque da usare molto diluito.

Limone

Citrus limon – Rutacee

Paese d'origine
Asia, Mediterraneo, California e Florida.

Parti usate
Bucce.

Metodo di estrazione
Pressione a freddo delle bucce.

Profilo aromatico
Fresco, frizzante e arioso.

Nota
TESTA

Caratteristiche
Rinfrescante, stimolante della concentrazione e attivante.

Proprietà
Stimolanti, antireumatiche, antisettiche, febbrifughe, antispasmodiche, astringenti, digestive, depurative, decongestionanti, antibatteriche, antimicotiche, carminative e ipotensive.

Cura della pelle
Grassa, spenta, acne, smagliature e unghie fragili.

Curiosità
Uno dei prodotti al mondo più utilizzato in saponi, articoli da toilette e profumi.

Avvertenze
Non assumere puro per via orale. Non applicare puro sulla cute perché può causare irritazione. Fotosensibile.

Mandarino
Citrus reticolata – Rutacee

Paese d'origine
Cina, Estremo Oriente, Europa e Stati Uniti.

Parti usate
Bucce.

Metodo di estrazione
Pressione a freddo delle bucce.

Profilo aromatico
Agrumato, caldo, fresco e dolce.

Nota
TESTA

Caratteristiche
Equilibrante e solleva l'umore.

Proprietà
Rilassanti, sedative, antispasmodiche leggere, digestive, stimolanti biliari e antisettiche.

Cura della pelle
Acne, seborrea, smagliature e ritenzione idrica.

Curiosità
Il preferito dai bambini, aiuta a conciliare il sonno ed è apprezzato dalle donne in gravidanza per la ritenzione idrica (da usare diluito al 1%).

Avvertenze
Fotosensibile.

Menta piperita

Mentha piperita – Labiate

Paese d'origine
Tutto il mondo.

Parti usate
Foglie e fiori di pianta fresca o parzialmente essiccata.

Metodo di estrazione
Distillazione in corrente di vapore.

Profilo aromatico
Fresco, pungente e attivo.

Nota
TESTA

Caratteristiche
Rinfrescante, stimolante e rinforzante.

Proprietà
Analgesiche, antivirali, astringenti, cefaliche, decongestionanti, antispasmodiche, coleretiche, carminative, anestetiche, antisettiche, digestive, epatostimolanti, epatiche, nervine, stimolanti, stomachiche, sudorifere, vasocostrittrici, vermifughe, espettoranti, antipruriginose, emmenagoghe, antiparassitarie, febbrifughe e antinfiammatorie.

Cura della pelle
Prurito ed irritazione.

Curiosità
Oltre all'ormai noto utilizzo nei disturbi dell'apparato respiratorio, ha notevole importanza nella cura di nevralgie e crampi, oltre che un valido aiuto per la concentrazione.

Avvertenze
Controindicato in gravidanza, durante l'allattamento, in caso di epilessia, in caso di calcoli alla colecisti, vicino alle mucose, in caso di aritmie cardiache. Non usare sul viso dei bambini, in particolare vicino al naso e su o vicino ai neonati, può causare apnea o collasso. Non usare in caso di deficienza di G6FD.

Mirto

Myrtus communis – Mirtacee

Paese d'origine
Mediterraneo.

Parti usate
Foglie e rametti.

Metodo di estrazione
Distillazione in corrente di vapore.

Profilo aromatico
Fresco, erbaceo, balsamico,
odora leggermente di eucalipto.

Nota
TESTA / CUORE

Caratteristiche
Purificante e rinforzante.

Proprietà
Tonificanti, espettoranti, mucolitiche, antisettiche,
diuretiche, antispasmodiche, antireumatiche,
decongestionanti del sistema venoso e linfatico.

Cura della pelle
Stanca, grassa e acneica.

Curiosità
Molto efficace nei bambini, preferibile all'eucalipto
in quanto è meno irritante.

Neroli

Citrus aurantium bigaradia – Rutacee

Paese d'origine
Estremo Oriente, Mediterraneo e Stati Uniti.

Parti usate
Fiori dell'arancio amaro.

Metodo di estrazione
Distillazione in corrente di vapore, idrodistillazione,
enflorage o solventi (per quest'ultimo darà assoluta di neroli
e non olio essenziale).

Profilo aromatico
Floreale, fresco, amabile e dolce.

Nota
TESTA / CUORE

Caratteristiche
Rilassante, erotizzante e antistress.

Proprietà
Ansiolitiche, rilassanti, antidepressive, antibatteriche,
antimicotiche, antispastiche, antisettiche, battericide,
carminative, cicatrizzanti, stimolanti, toniche, antiparassitarie,
digestive, eudermiche, antinfiammatorie e afrodisiache.

Cura della pelle
Secca, sensibile, matura e con couperose.

Curiosità
Il nome neroli deriva da una principessa siciliana di Nerola,
che amava profumare bagno, vestiti e ambienti con questo
profumo e che lanciò la moda diffusasi in Francia alla
corte di Luigi XVI.

Avvertenze
Fotosensibile. Non assumere per via interna l'assoluta
di neroli (estrazione con solventi).

Pepe nero
Piper nigrum – Piperacee

Paese d'origine
India sud orientale, Indonesia, Malesia, Cina e Madagascar.

Parti usate
Frutti (grani) essiccati e triturati.

Metodo di estrazione
Distillazione in corrente di vapore.

Profilo aromatico
Speziato, caldo e piccante.

Nota
BASE

Caratteristiche
Stimolante, riscaldante, afrodisiaco ed eccitante.

Proprietà
Tonificanti, sudorifere, diuretiche, rubefacenti, espettoranti, analgesiche, antisettiche, antispasmodiche, carminative, disintossicanti, febbrifughe, lassative, rubefacenti, afrodisiache, battericide, stimolanti dell'appetito e delle secrezioni gastriche, mucolitiche, energetiche e stimolanti mentali.

Cura della pelle
Cellulitica.

Curiosità
Impiegato in profumeria quale componente di fragranza e utilizzato nei diffusori per ambiente o spray per inibire il desiderio di fumare.

Avvertenze
Non usare in caso di ulcere gastrointestinali e infiammazioni. Usare sulla pelle molto diluito perché irritante.

Petit grain
Citrus aurantium bigaradia

Paese d'origine
Cina, India, Francia, Nord Africa, Paraguay e Haiti.

Parti usate
Foglie e rametti dell'arancio amaro.

Metodo di estrazione
Distillazione in corrente di vapore.

Profilo aromatico
Fresco, ricco, dolce - amaro,
sottofondo di limone ed erbaceo.

Nota
CUORE / BASE

Caratteristiche
Rinfrescante, rilassante ed equilibrante.

Proprietà
Riequilibranti del sistema nervoso, digestive,
antidepressive, tonificanti, antinfettive, antibatteriche,
antisettiche e deodoranti.

Cura della pelle
Tonico per viso e corpo.

Cura dei capelli
Grassi.

Curiosità
Molto usato in profumeria.

Avvertenze
Non fototossico.

Pino silvestre

Pinus sylvestris – Pinacee

Paese d'origine
Europa settentrionale, Asia e Nord America.

Parti usate
Rametti, gemme e aghi.

Metodo di estrazione
Distillazione in corrente di vapore.

Profilo aromatico
Fresco, resinoso e boschivo.

Nota
BASE

Caratteristiche
Stimolante e favorisce la concentrazione.

Proprietà
Antisettiche, antimicrobiche, antivirali, battericide, decongestionanti, diuretiche, espettoranti, ipertensive, stimolanti, antireumatiche, rubefacenti, diuretiche e deodoranti.

Curiosità
Associato a volte ai profumi dei detergenti per la casa o ai solventi. Come alternativa aromaterapica si può sostituire con l'olio di abete bianco.

Avvertenze
Non usare su bambini e anziani. Da usare con moderazione e diluirlo prima dell'applicazione.

Pompelmo

Citrus paradisii – Rutacee

Paese d'origine
Asia, India, California, Florida, Australia, Brasile ed Israele.

Parti usate
Bucce.

Metodo di estrazione
Pressione a freddo delle bucce.

Profilo aromatico
Fruttato dolce-amaro, leggero, fresco, frizzante e arioso.

Nota
TESTA

Caratteristiche
Rinfrescante, stimolante e favorisce la concentrazione.

Proprietà
Antisettiche, tonificanti, antidepressive, contro gli squilibri alimentari, drenanti, stimolanti della circolazione ed antinfluenzali.

Cura della pelle
Acne e cellulite.

Cura dei capelli
Ricrescita.

Curiosità
L'essenza di pompelmo viene largamente usata per aromatizzare prodotti alimentari, bevande, in profumeria, nei prodotti per l'igiene del corpo e per l'igiene della casa.

Avvertenze
Fotosensibile.

Rosa

Rosa damascena Miller – Rosacee

Paese d'origine
Oriente e Mediterraneo.

Parti usate
Fiori e boccioli.

Metodo di estrazione
Distillazione in corrente di vapore, idrodistillazione, enflorage o solventi (per quest'ultimo darà assoluta di rosa e non olio essenziale)

Profilo aromatico
Floreale, elegante, delicato e morbido.

Nota
CUORE

Caratteristiche
Calmante, armonizzante e stimolatore dei sensi.

Proprietà
Antidepressive, antinfiammatorie, antivirali, battericide, depurative, emmenagoghe, epatiche, sedative, emostatiche, antispasmodiche, digestive, antisettiche, toniche, astringenti, cicatrizzanti e afrodisiache.

Cura della pelle
Secca, sensibile, invecchiata precocemente, con couperose, rughe e herpes.

Curiosità
Di fondamentale importanza per secoli nel campo della profumeria. La troviamo in composizioni di note famose come Chanel n. 5 o Paris YSL.

Avvertenze
Non usare in gravidanza. Non assumere per via interna l'assoluta di rosa (estrazione con solventi).

Rosmarino
Rosmarinus officinalis – Labiate

Paese d'origine
Mediterraneo.

Parti usate
Rametti e foglie.

Metodo di estrazione
Distillazione in corrente di vapore.

Profilo aromatico
Fresco, chiaro e attivo.

Nota
TESTA / CUORE

Caratteristiche
Rinfrescante e attivante.

Proprietà
Toniche, mucolitiche, espettoranti, antireumatiche, antispasmodiche, diuretiche, stimolanti, digestive, sudorifere, antisettiche, cicatrizzanti, emmenagoghe, antibatteriche, antimicotiche, antiossidanti e antiparassitarie.

Cura della pelle
Acne e dermatite.

Cura dei capelli
Grassi, forfora e perdita.

Curiosità
Utilizzata ancora oggi come ai tempi dei romani per l'effetto stimolante per la mente.

Avvertenze
Non usare in gravidanza, su neonati e bambini, in caso di epilessia, ipertensione o pelle sensibile.

Salvia sclarea
Salvia officinalis L. – Lamiacee

Paese d'origine
Sud Europa.

Parti usate
Foglie e sommità fiorite.

Metodo di estrazione
Distillazione in corrente di vapore.

Profilo aromatico
Caldo, erbaceo e dolce.

Nota
TESTA / CUORE

Caratteristiche
Equilibrante, rilassante ed euforizzante.

Proprietà
Antispasmodiche, antinfiammatorie, decongestionanti, toniche, antisettiche, equilibranti, rilassanti, antidepressive, emmenagoghe, afrodisiache e antisudorifere.

Cura della pelle
Acne.

Cura dei capelli
Grassi e forfora.

Curiosità
Olio usato per dare note aromatiche e fresche ai profumi.

Avvertenze
Non usare in gravidanza, durante l'allattamento, in presenza di mastopatie, in caso di patologie legate al sistema ormonale e sui bambini. Non assumere alcolici durante un trattamento con l'olio essenziale di salvia sclarea.

Timo bianco

Thymus vulgaris – Labiate

Paese d'origine
Mediterraneo, Asia, Russia e Stati Uniti.

Parti usate
Foglie e fiori parzialmente essiccati.

Metodo di estrazione
Distillazione in corrente a vapore.

Profilo aromatico
Aromatico, forte, erbaceo e fresco.

Nota
CUORE / BASE

Caratteristiche
Rinforzante, eccitante e purificante.

Proprietà
Antimicrobica, cicatrizzanti, espettoranti, emmenagoghe, antisettiche, toniche, stimolanti, digestive, diuretiche, antireumatiche, antiossidanti, rubefacenti e antispasmodiche.

Cura della pelle
Cellulite.

Curiosità
I primi anatomisti chiamarono con il nome di timo le ghiandole linfatiche del petto poiché ricordavano i fiori di questa pianta.

Avvertenze
Non usare in gravidanza. I timi forti, come quello rosso hanno un'attività antimicrobica, ma vanno usati con estrema cautela in diluizione dell'1% perché molto irritanti per pelle e mucose. Non si usano per via interna, in gravidanza o sui neonati e bambini.

Sandalo
Santalum album L. – Santalacee

Paese d'origine
Asia tropicale, India orientale
(il migliore proviene da Karnataka).

Parti usate
Radici essiccate e polverizzate.

Metodo di estrazione
Distillazione in corrente di vapore.

Profilo aromatico
Esotico, caldo e legnoso.

Nota
BASE

Caratteristiche
Equilibrante, aromatizzante e sensuale.

Proprietà
Antispasmodiche, calmanti, antinfiammatorie,
antisettiche, cicatrizzanti, diuretiche, espettoranti,
balsamiche, decongestionanti, carminative, linfatiche
e afrodisiache.

Cura della pelle
Mista, secca, disidratata, screpolata e acneica.

Curiosità
L'utilizzo terapeutico dell'olio essenziale inizia solo dopo gli anni
venti del Novecento in Francia, dove da diverso tempo, era stato
usato come ingrediente di base per la creazione di profumi.

Avvertenze
Non usare in gravidanza.

Vetiver

Vetiveria zizanioides – Graminacee

Paese d'origine
India, Indonesia, Sri Lanka, Haiti e Réunion.

Parti usate
Radici.

Metodo di estrazione
Distillazione in corrente di vapore.

Profilo aromatico
Dolce, amaro, chiaro e fresco.

Nota
BASE

Caratteristiche
Equilibrante e stabilizzante.

Proprietà
Antisettiche, depurative, sedative, toniche, flebo toniche, antireumatiche, emmenagoghe, antispasmodiche, antidepressive, immunostimolanti, afrodisiache e insettifughe.

Cura della pelle
Secca, matura e irritata.

Curiosità
Molto usato dall'industria cosmetica e dei profumi per le sue forti qualità aromatiche.

Avvertenze
Controindicato in gravidanza e sui bambini.
Non usare per via interna.

Ylang ylang

Cananga odorata – Anonacee

Paese d'origine
Indonesia, Filippine e Madagascar.

Parti usate
Fiori freschi colti il mattino presto.

Metodo di estrazione
Distillazione in corrente di vapore.

Profilo aromatico
Esotico, floreale, pesante, orientale e sensuale.

Nota
CUORE

Caratteristiche
Equilibrante, euforizzante e armonizzante.

Proprietà
Antidepressive, antispasmodiche, antibatteriche, antimicotiche, antinfiammatorie, ipotensive, calmanti, sedative, toniche, antisettiche, euforizzanti ed afrodisiache.

Cura della pelle
Acne, seborrea e irritazioni.

Cura dei capelli
Fragili e con tendenza alla caduta.

Curiosità
Utilizzato soprattutto per il mercato dei profumi.

Avvertenze
Non usare per via interna. Visto l'intensità del profumo, usare con moderazione per evitare nausea o cefalea. Cautela su soggetti di origine giapponese, i quali hanno predisposizione a sensibilizzazione a questo olio essenziale, Watanabe et Al., (1985).

Zenzero
Zingiber officinale – Zingiberacee

Paese d'origine
Asia meridionale, Tropici, Indie occidentali, Bretagna, Cina e India.

Parti usate
Radici.

Metodo di estrazione
Distillazione in corrente di vapore.

Profilo aromatico
Speziato e forte.

Nota
TESTA / CUORE

Caratteristiche
Rinforzante, riscaldante ed erotizzante.

Proprietà
Analgesiche, sudorifere, febbrifughe, antisettiche, antiossidanti, antireumatiche, digestive, stimolanti, carminative, antispasmodiche, rubefacenti e afrodisiache.

Curiosità
Utilizzato nella produzione della birra e altre bevande fermentate, di sciroppi e per aromatizzare biscotti grazie alla sua azione antiossidante sui grassi. È anche usato come conservante naturale di cibi.

Avvertenze
Può causare irritazione o sensibilizzazione, è dunque da usare molto diluito. Fototossico. Non usare in gravidanza. Assumere olio essenziale di zenzero può interferire con l'azione di medicinali anticoagulanti e ipoglicemizzanti.

Idrolati «idrosol»
Acque aromatiche
Acque floreali

Gli idrolati chiamati anche acque aromatiche si ottengono durante il processo di distillazione degli oli essenziali e costituiscono il risultato della fase acquosa. Sono idrosolubili e non hanno le stesse controindicazioni. Sono acque leggere, delicate, ottime per tutti i tipi di pelle anche molto sensibile. Si possono utilizzare inoltre per sciacquare la bocca, in quanto contengono una bassa percentuale di olio essenziale (massimo 1%). Queste acque trovano l'utilizzo nella cosmesi e nella cura della pelle del viso e corpo, mediante frizioni e impacchi dall'effetto decongestionante, rinfrescante e tonico.

Esistono anche i «falsi idrolati» e sono quelli fatti con alcol o l'uso di fragranze sintetiche.

Avvertenze
L'utilizzo topico dell'idrolato non pone problemi, ma se viene usato per via interna o a scopo alimentare non si può escludere e minimizzare il rischio di trovare colture batteriche. Per precauzione durante l'acquisto di un prodotto poniamo le seguenti domande: chi lo produce è autorizzato alla produzione di prodotti alimentari? Contiene conservanti? Dov'è stato imbottigliato il prodotto? Chi lo produce e dove lo immagazzina? Inoltre chi volesse cimentarsi in produzione d'idrolati, presti attenzione al fatto che possono esistere fragranze tossiche.

Idrolato di rosa
Per pelli normali, secche, mature e arrossate. Anti-rughe, astringente, privo di reazioni allergiche, tonificante, calmante, decongestionante per gli occhi e delicato per la pelle dei bambini. Comunemente chiamato acqua di rose, la regina delle acque.

Idrolato di lavanda
Pelle mista e grassa. Calmante, tonificante, rinfrescante, purificante, lenitivo, contro le irritazioni cutanee e dopo sole.

Idrolato di fiordaliso
Pelli irritate, occhi gonfi e stanchi.

Idrolato di fiori d'arancio
Tutti i tipi di pelle, delicato per la pelle dei bambini.
Rinfrescante, calmante e rilassante, aiuta contro lo stress
e l'insonnia dando equilibrio.

Idrolato di tea tree
Pelli acneiche e grasse. Antibatterico e purificante,
ottimo per massaggiare il cuoio capelluto per chi ha i capelli
grassi e per disinfettare il cavo orale.

Idrolato di camomilla
Tutti i tipi di pelle e pelle sensibile e irritate.
Lenitivo, decongestionante e calmante.

Idrolato di menta
Pelle impura. Astringente, purificante, tonificante
e rinfrescante dopo sole.

Annotazioni

Prodotti base

Vettori

Argilla verde

L'argilla, elemento naturale antichissimo, è ricca di molte sostanze curative. È famosa per le sue preziose proprietà cosmetiche e terapeutiche dal potere mineralizzante, energizzante, antisettico, battericida, cicatrizzante, disintossicante, riequilibrante, antidolorifico, antiossidante, assorbente e antinfiammatorio.

Cataplasma di argilla

Impastare acqua fredda con argilla, formare un impiastro morbido e liscio, il quale dovrà essere applicato sulla parte da trattare. Coprire con un telo di cotone e tenere l'impacco almeno per un paio d'ore (una volta terminato l'impacco l'argilla è da buttare perché piena di tossine).

Miele

Antibatterico, riequilibrante del ph, rassodante, antirughe, schiarente e idratante. Ottimo per detergenti e maschere.

Yogurt naturale fresco

Riequilibrante della microflora e levigante. Ottimo per detergenti, maschere e prodotti per l'igiene intima.

Aceto di mele

Il ph dell'aceto puro è quasi identico a quello della pelle sana, ciò fa dell'aceto uno strumento cosmetico naturale per la pulizia e il miglioramento dello strato di acidità della pelle. Favorisce l'irrorazione sanguigna e la rigenerazione della pelle.

OLI VEGETALI

Vista l'alta concentrazione degli oli essenziali, per poterli applicare sulla pelle devono essere veicolati con oli vegetali, chiamati anche oli di base, i quali vengono estratti da noccioli o semi.

Gli oli devono essere di ottima qualità, biologici o possibilmente biodinamici e si consiglia di acquistarli in piccola quantità poiché deperibili.

Sono da conservare in bottiglie dal vetro scuro con chiusura ermetica, lontano da fonti di calore e dalla luce. Una volta aperti gli oli di base si conservano per tre mesi.

Olio di mandorle

Ottenuto per pressione dei semi delle mandorle dolci è un olio emolliente, nutritivo, lenitivo e protettivo. Ricco di vitamine A, B1, B2, B6, E, è ottimo per pelle secca, irritazioni ed eczemi. (Occasionalmente può causare allergia, si consiglia di usare l'olio di jojoba).

Olio di nocciola

Ottenuto per pressione del frutto del nocciolo è un olio simile a quello di mandorle, ma ha una migliore penetrazione e stimola la circolazione. Stimolante e astringente è ottimo in caso di pelle grassa e acne. (Può creare problemi in caso di allergia, si consiglia di usare l'olio di jojoba).

Olio di avocado

Ottenuto per pressione della polpa disidratata del frutto. Ha qualità riepitelizzanti e addolcenti. Ricco di lecitina e vitamine A, B1, B2 e D è ottimo per pelle secca, rugosa ed eczemi, ma non utilizzare su pelli sensibili.

Olio «cera» di jojoba

Estratta dai semi delle bacche di jojoba, risulta un olio equilibrante, idratante, elasticizzante, stimolante ed ha proprietà antibatteriche. Ha un'ottima capacità di penetrazione adattandosi a tutti i tipi di pelle essendo sebo simile. Eccellente per pelli infiammate, sensibili, acne, dermatiti e per equilibrare il cuoio capelluto e i capelli secchi. (Utilizzare al 10% perché può bloccare i pori della pelle).

Olio di vinaccioli

Estratto dai semi dell'uva è ricco di vitamine, minerali e grassi insaturi. È un olio leggero adatto a tutti i tipi di pelle ed ha una facile penetrazione lasciando la pelle liscia e non unta.

Olio di oliva

Ottenuto per spremitura dei frutti e dei semi dell'olivo. Un olio protettivo, idratante, emolliente, nutritivo, rassodante, lenitivo e sebo simile. Viene utilizzato nella preparazione di oleoliti, unguenti e nella creazione di saponi, maschere, creme e trattamenti per capelli. È ottimo per pelli sensibili, delicate, seborroiche, disidratate e secche.

Essendo un olio che tende a lasciare la pelle molto unta, si può diluire con olio di jojoba in modo da renderlo più scorrevole nel massaggio.

Olio di rosa mosqueta

Dai semi si ottiene un olio che evidenzia, in misura elevata e bilanciata, la presenza simultanea dei due acidi grassi polinsaturi essenziali: l'acido linoleico 45% (ricco di omega 6) e l'acido alfalinolenico 35% (con un'alta concentrazione di omega 3) accompagnati e protetti da una notevole concentrazione di antiossidanti naturali, di tocoferolo (vitamina E), carotenoidi e numerosi fitosteroli.

Le preziose proprietà dell'olio di rosa mosqueta contribuiscono al mantenimento della funzionalità cellulare e dei meccanismi di difesa, favorendo la rigenerazione dei tessuti e in particolare:

> nella riduzione e nella prevenzione di inestetismi,
  quali cicatrici, cheloidi e smagliature;
> nel rinnovamento dei tessuti cutanei;
> nel mantenimento dell'elasticità cutanea;
> contro le rughe di espressione;
> contro le macchie di vecchiaia;
> contro i danni da esposizione al sole.

Avvertenze

Evitare in caso di pelle grassa e acneica.

OLEOLITI

Gli oleoliti si ottengono facendo macerare tra l'altro fiori e foglie, ad esempio in olio di oliva in modo che tutti i principi delle piante entrino nell'olio. Vengono utilizzati per applicazioni sulla pelle che ha bisogno di cure e possono essere un ottimo veicolo per gli oli essenziali.

La creazione di un oleolito necessita fino a 500 grammi di erbe preferibilmente fresche su 1 litro di olio.

Oleolito di calendula

Dalle proprietà lenitive, normalizzanti, antiossidanti, antinfiammatorie e cicatrizzanti. Efficace per la pelle sensibile, fragile, screpolata, per escoriazioni, eruzioni, infiammazioni gengivali, eczemi secchi e per vene fragili.

Oleolito di iperico, olio rosso o di San Giovanni

Antinfiammatorio, cicatrizzante, emolliente, lenitivo, tonico, anestetico, astringente, antisettico, purificante. È un olio dalle molteplici proprietà benefiche, che si può usare anche per le scottature come quelle solari, ma non va usato prima di esporsi al sole. Ottimo nella cura dei dolori reumatici, nella sciatica e in caso di couperose. Viene usato nei massaggi per dolori dorsali e articolari.

Come preparare in casa l'olio di iperico

L'iperico fiorito, si può raccogliere da giugno a fine agosto nei luoghi assolati ai margini dei boschi e dei campi incolti.
400 gr foglie e fiori freschi d'iperico;
1 litro olio d'oliva.

Versare in un vaso di vetro a chiusura ermetica e dalla bocca grande l'olio d'oliva, le foglie e i fiori d'iperico. Lasciare macerare per 7 settimane al sole o in un angolo caldo della casa. Compita la macerazione, filtrare con una garza di cotone, travasare in bottigliette di vetro scuro e conservare al fresco e al buio. L'efficacia terapeutica di quest'oleolito dura fino a 2 anni.

I rimedi naturali della nonna

Detergenti per il viso

Lavanda di farina e latte per pelli secche e sensibili
1 C di farina di mandorle
1 C di farina d'avena
2 C di latte in polvere

Mescolare bene le polveri ed aggiungerci acqua tiepida quanto basta per rendere cremoso l'impiastro. Spalmare e massaggiare dolcemente viso, collo e décolleté. Sciacquare molto bene, asciugare delicatamente e passare con un idrolato.

Lemon scrub (ricetta inglese) per schiarire la pelle
2 limoni interi biologici
1 C di olio di vinaccioli

Spazzolare e lavare i limoni sotto l'acqua corrente. Asciugarli e grattugiare la scorza lasciandola essiccare su un panno coperto con della carta assorbente. Quando la scorza sarà seccata, unire l'olio intiepidito e formare un composto spalmabile da applicare sul viso ben pulito. Massaggiare il viso evitando di graffiare la pelle e stando lontano dagli occhi per un paio di minuti, sciacquare con abbondante acqua tiepida e asciugare delicatamente.

(Questo trattamento sul viso è da fare ogni 15 giorni, mentre sulle mani si può fare 1 volta alla settimana, massaggiando per almeno 8 minuti. Dopo aver sciacquato bene le mani, mettere una crema solare ad alta protezione, sia sul viso che sulle mani. Non applicare sui bambini).

Tonici e lozioni

Mia nonna aveva una pelle del viso tonica, bianco-rosea, fresca, profumata. Il suo segreto consisteva nel non asciugarla mai all'aria o con panni di cotone, ma con piccoli teli di carta morbida o fazzolettini, tamponandola delicatamente.

La maggior parte delle lozioni per il viso hanno un alto contenuto di alcol e sgrassa troppo energicamente la pelle. Una pelle sana, dovrebbe essere in grado di riprodurre il suo grasso naturale, perciò l'ideale sarebbe se ci troviamo in casa e non abbiamo fretta, attendere qualche minuto prima dell'applicazione della crema.

Tonico alla calendula per pelli sensibili e pori dilatati
30 gr di tintura di calendula
1 dl d'idrolato di rosa

In una bottiglia da 100 ml di vetro scuro unire la tintura all'idrolato, agitare molto bene e conservare in un luogo fresco. Questo tonico stimola l'irrorazione sanguigna. Passare con un batuffolo di ovatta viso e collo.

Lozione alla lavanda per pelli grasse e impure
1 dl aceto di mele o sidro
3 dl acqua distillata
10 gr fiori di lavanda
1 dl idrolato di lavanda

Mettere i fiori di lavanda in un vaso ad imboccatura larga e chiusura ermetica. A parte unire e bollire acqua e aceto per 10 minuti e quando saranno a temperatura ambiente, versare sui fiori. Lasciare riposare per almeno 7 giorni al buio e al caldo agitando di tanto in tanto il vaso. Filtrare il liquido con un colino, aggiungere l'idrolato di lavanda e versare in una bottiglia di vetro scuro. Quest'acqua con un leggero effetto antisettico è ideale per la rigenerazione del naturale mantello acido della pelle. Si può usare sul viso passando con un batuffolo di ovatta imbevuto o frizionare sul corpo dopo il bagno per un effetto rinfrescante e vivificante.

Le seguenti ricette servono ad ottenere delle acque aromatiche o floreali.

Profumo casalingo creato con base d'idrolato
In una bottiglia da 100 ml di vetro scuro, unire 1 dl d'idrolato e 25 gocce di olio essenziale. Agitare bene e lasciare riposare al buio per 15 giorni.

Tonificante aromatico casalingo
In una bottiglia da 100 ml di vetro scuro, unire 1 dl di acqua distillata, 25 gocce di olio essenziale. Agitare bene e lasciare riposare al buio per 15 giorni. Filtrare con carta filtro e conservare sempre in bottiglia in un luogo fresco e scuro. (Per le donne in gravidanza ed i bambini si consiglia di usare gli idrolati e non profumi o tonici casalinghi).

Curiosità
La farmacopea americana chiama idrolati le infusioni di piante e le acque profumate ottenute come le ricette sopra indicate, ma non si possono ritenere tali. Gli idrolati si ottengono durante il processo di distillazione degli oli essenziali.

MASCHERE

Impacco all'iperico per ridare tono alla pelle
(pelli impure e secche)
1 tuorlo d'uovo
1 C di olio d'iperico
1 c di succo di limone

Mescolare il tuorlo d'uovo e aggiungere, goccia a goccia, l'olio di iperico come per ottenere una mayonnaise e in fine aggiungere il succo di limone. Spalmare su viso, collo e décolleté ben puliti e lasciare agire per 30 minuti. (Per evitare di chiudere i pori del viso, non usare l'oleolito senza l'aggiunta dell'uovo)

Maschera tonificante alla rosa
1 manciata di petali di rosa non trattata
2,5 dl di acqua bollente
1 c di agar agar (gelatina naturale ricavata da alghe)

Versare l'acqua bollente sui petali di rosa, coprire e lasciare riposare per un'ora. Filtrare e sciogliere l'agar agar in 70 gr di filtrato e riscaldare fino a quando diventa un impasto denso. Applicare su viso e collo puliti per 20 minuti, sciacquare con acqua tiepida e tonificare con l'acqua di rose rimasta.

Capelli

Risciacquo colorante per capelli biondi
2 limoni biologici
½ litro d'acqua

Lavare bene i limoni, togliere uno strato sottilissimo di scorza e farla bollire a medio calore per 30 minuti in un pentolino coperto. Filtrare e usare come ultimo risciacquo.

Risciacquo colorante per capelli bruni
1 manciata di malli di noce sminuzzati
½ litro d'acqua

Bollire a medio calore i malli di noce per 30 minuti in un pentolino coperto. Filtrare e usare come ultimo risciacquo. (Usare un asciugamano vecchio perché l'estratto di malli è una tinta).

Risciacquo colorante per capelli grigi
1 manciata di fiordalisi
¼ litro d'acqua bollente

Mettere i fiordalisi in una ciotola di vetro e versare l'acqua bollente. Coprire e lasciare macerare per 4 ore. Filtrare con un colino e usare il liquido come ultimo risciacquo su capelli precedentemente tamponati con una spugna per togliere l'eccesso di acqua. La costanza nell'utilizzo di questo risciacquo toglie l'effetto giallastro dai capelli.

BAGNI

Bagno rilassante per togliere la stanchezza
50 gr fiori di lavanda
100 gr fiori di menta
100 gr petali di rosa
10 gocce olio essenziale alla lavanda

Mescolare bene le erbe in una ciotola, unire l'olio essenziale, metterle in un sacchetto di lino e legare bene. Riempire la vasca da bagno e una volta immersi nell'acqua aggiungere il sacchetto che di tanto in tanto si spreme con le mani. Fare un bagno di 15 minuti.

Bagno defaticante
1 tazza di panna
4 gocce di olio essenziale di lavanda
2 gocce di olio arancio dolce
2 gocce di olio essenziale di pompelmo

Mescolare bene gli oli con la panna e versare dopo che vi siete immersi nella vasca.

Bagno rinforzante
1 tazza di miele
3 gocce di olio essenziale di rosmarino
2 gocce di olio essenziale di bergamotto
2 gocce di olio essenziale di limone
1 goccia di olio essenziale di ginepro

Mescolare bene gli oli con il miele e versare dopo che vi siete immersi nella vasca.

OLI DA MASSAGGIO

Gli oli essenziali passano per assorbimento attraverso la pelle: l'organo più esteso del corpo, il quale ha la capacità di assorbire le molecole degli oli essenziali attraverso i follicoli piliferi delle ghiandole sudorifere e di quelle sebacee. L'olio essenziale deve comunque sempre essere diluito in un olio base e mai messo direttamente a contatto con la pelle.

L'utilizzo degli oli essenziali per il massaggio è basato sulla regola di non miscelare gli oli con effetti opposti (olio stimolante con olio calmante) e di mescolare al massimo 3/4 oli essenziali in un olio base.

Sportivo
50 ml di olio base
5 gocce di olio essenziale di rosmarino
5 gocce di olio essenziale di limone
3 gocce di olio essenziale di ginepro bacche

Passione
50 ml di olio base
4 gocce di olio essenziale di arancio dolce
4 gocce di olio essenziale di lavanda
3 gocce di olio essenziale di ylang ylang
1 goccia di olio essenziale di zenzero

Rilassante
50 ml di olio base
4 gocce di olio essenziale di bergamotto
2 gocce di olio essenziale di menta piperita
2 gocce di olio essenziale di arancio amaro
2 gocce di olio essenziale di limone

Aceti di benessere

Dopo il bagno o la doccia del mattino, frizionando la pelle con questi aceti, si ottiene un'azione rinfrescante e rigenerante del mantello acido della pelle, che ha anche una leggera azione deodorante. Dopo pochi istanti l'aceto evapora lasciando posto al profumo delle erbe.

Aceto per gambe stanche
1 rametto di rosmarino
1 manciata di foglie di menta
3 rametti di timo
scorza di 1 limone
½ litro di aceto di vino nostrano
1 dl di idrolato di rosa
20 cl di alcol
5 gocce olio essenziale di limone

Mettere le erbe, la scorza e l'aceto in un vaso di vetro a chiusura ermetica con imboccatura larga e lasciare macerare per 21 giorni al sole o in un angolo caldo della casa. Filtrare e aggiungere l'idrolato di rose e l'olio essenziale sciolto nell'alcol, travasare in bottiglie scure di vetro. Agitare bene prima dell'uso. Questo aceto è ottimo per la frizione quotidiana di gambe e piedi ed ha anche un'azione antisettica.

Sidro prezioso di rose
2 manciate di petali di rose non trattate
½ litro di sidro di mele
1 dl di idrolato di rosa
20 ml di alcol
1 ml olio essenziale di rosa

Fare asciugare i petali di rosa su un telo per 2 giorni all'ombra e poi metterli in un vaso di vetro a chiusura ermetica con imboccatura larga, versandovi anche il sidro. Lasciare macerare per 21 giorni al sole o in un angolo caldo della casa. Filtrare e aggiungere l'idrolato di rosa e l'olio essenziale di rosa sciolto nell'alcol, travasando in bottiglie scure di vetro. Agitare bene prima dell'uso.Questo sidro ha un'azione leggermente disinfettante e aiuta a sciogliere il velo calcareo sulla pelle aiutando la rigenerazione rapida del mantello acido.

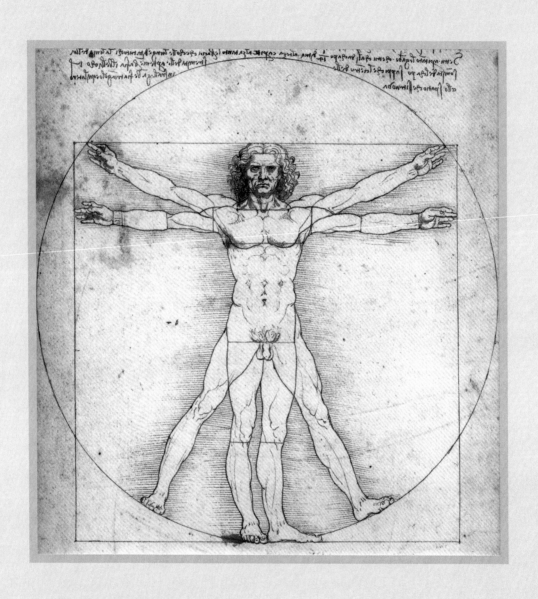

Proprietà terapeutiche
Il loro significato

Afrodisiaca	Stimola le funzioni ghiandolari, la fantasia e riattiva l'energia a livello della pelvi.
Analgesica e anestetica	Allevia il dolore.
Antibiotica	Riduce la crescita batterica.
Anticatarrale, espettorante e mucolitica	Favorisce l'eliminazione del muco dal sistema respiratorio.
Antidiarroica	Ripristina la consistenza fecale.
Antinevralgica e antireumatica	Aiutano nel trattamento dei dolori articolari e muscolari.
Antinfiammatoria	Riduce l'infiammazione.
Antiossidante	Previene l'ossidazione.
Antipiretica	Abbassa la febbre.
Antisettica e antimicrobica	Inibiscono la formazione di batteri, funghi e virus, ma la loro possibile tossicità ne riduce la possibilità di utilizzo.
Antispasmodica	Aiuta in caso di tensione muscolare o viscerale come dolori muscolari, torcicollo, dismenorrea, …
Antisudorifera	Deodorante e antitraspirante.
Antitossica	Neutralizza le tossine.
Aperitiva	Prima dei pasti stuzzica l'appetito.
Aromatica	Contrasta l'odore intenso.

Assorbente	Trattiene l'acqua.
Astringente	Provoca la contrazione dei tessuti.
Balsamica	Possiede le qualità del balsamo.
Battericida	Uccide i batteri.
Calmante, ansiolitica e rilassante	Riduce le tensioni nervose, lo stress e i disturbi dell'insonnia.
Carminativa	Favorisce l'espulsione dei gas intestinali.
Cicatrizzante	Facilita il processo di guarigione delle ferite.
Decongestionante per occhi	Diminuisce o elimina il gonfiore.
Diaforetica	Favorisce la sudorazione.
Digestiva	Stimola l'appetito e facilita la digestione.
Disinfettante	Diminuisce la carica batterica.
Diuretica	Favorisce la minzione.
Emmenagoga	Induce o coadiuva le mestruazioni.
Emolliente	Decongestiona i tessuti infiammati.
Endocrino – regolatrice	Mima l'azione degli ormoni umani.
Epatopatica	Aumenta la produzione e il flusso della bile.
Eudermica	Migliora lo stato fisiologico della pelle.
Eupeptica	Aumenta l'appetito e migliora la digestione.
Febbrifuga	Riduce la febbre.
Flebo tonica e linfotonica	Migliorano la circolazione e agisce sul sistema linfatico.
Galattagoga	Aumenta la secrezione del latte.

Insetticida, insettifuga, antiparassitaria	Allontana gli insetti, le tarme e gli acari.
Ipertensiva	Aumenta la pressione arteriosa.
Ipotensiva	Diminuisce la pressione arteriosa.
Lenitiva	Calmante.
Nervina	Agisce sul sistema nervoso centrale sia con effetto calmante che stimolante.
Rassodante	Conferisce elasticità e compattezza ai muscoli o alla pelle.
Riepitellizzante	Promuove la formazione di nuovi strati di cellule.
Riscaldante	Attiva la circolazione.
Rubefacente	Richiama il sangue negli strati più superficiali della pelle.
Sedativa	Lenisce il dolore o attenua uno stato di ansia.
Stomachica	Attiva le funzioni gastriche.
Sudorifera	Favorisce la secrezione di sudore.
Tonificante	Agisce sul sistema nervoso, è antidepressiva e riequilibrante.
Vasoprotettrice	Agisce sulle pareti vasali.
Vermifuga	Espelle i vermi intestinali.

BIBLIOGRAFIA

Stephanie Faber,
Natürlich Schön, Verlag Fritz Molden,
Wien 1978.

N.D. Jaksch,
Oli essenziali il grande libro illustrato,
Primavera Life, Sulzberg – Flora srl, Italia 2000.

Maria Teresa Lucheroni - Francesco Padrini,
Aromaterapia,
Fabbri Editori, Italia 2001.

Fiorenzo Niccoli,
Erbe buone per la salute,
Italia, Giunti Demetra, Italia 2000.

Dottor Marco Valussi,
Corso professionale di aromaterapia,
in collaborazione con C.I.A.M. Verona –
Collegio Italiano di aromaterapia e massaggio,
Florapisa, Pomaia 2002/2003.

Prof. Gustavo Sanvenero-Rosselli,
Specchio d'oro - Enciclopedia della bellezza,
Fabbri Editori, Italia 1967.

Daniele Mauta e Diego Semolli,
Le erbe nostre amiche,
Edizioni Ferni, Ginevra 1976.

Le citazioni provengono
Marcel Proust,
Dalla parte di Swann,
Edizioni Newton, Italia 1990, parte prima, p. 37.

Patrick Süskind,
Il profumo, Edizioni Longanesi,
Italia 1985.

Tutte le altre citazioni provengono da:
N.D. Jaksch, *Oli essenziali il grande libro illustrato*,
Primavera Life, Sulzberg – Flora srl, Italia 2000.

Biografia

Giuliana è nata nel Cantone Ticino a Bellinzona.

Imprenditrice nel campo dell'erboristeria e nell'estetica, diplomata nell'utilizzo di erbe officinali e di oli essenziali, docente di alcuni corsi per conto del Cantone Ticino e responsabile dell'istruzione alle estetiste della Svizzera Romanda e Cantone Ticino per una delle più importanti aziende in Svizzera nel campo cosmetico.

La sua passione per le erbe le è stata trasmessa dalla nonna, la quale con la natura dava sostegno alle persone sofferenti e preparava succulenti pietanze. Lasciando in eredità una raccolta di ricette racchiuse in un diario iniziato nel 1927, ha dato modo a Giuliana di utilizzarle nella vita quotidiana.

Ora, tramite questo libro, tutti potranno condividere la passione di nonna Pierina.

Colophon

Progetto grafico e impaginazione
Giuseppe Gruosso
Tipografia Stazione SA, Locarno

Hanno collaborato
Christopher Castellani, Marino Cerini, Ketty Circiello,
Stefania Circiello, Cristina Costarella, Enea Crivelli, Corrado Dadò,
Rosanna Dadò, Giordano Dalessi, Elio Inselmini, Lorenzo Inselmini,
Mauro Poletti, Wilma Tomamichel, Fabio Vedova

Carta
patinata semi-mat 135 g

Finito di stampare
il 6 settembre 2013, giorno di s. Zaccaria
presso la Tipografia Stazione SA, Locarno

Rilegatura
Schumacher SA, Schmitten

STAMPATO
IN TICINO